Herausgeber: Uwe Asmussen, Wyk

Alle Rechte und Nachdruck, auch auszugsweise, vorbehalten.
©2003/2008 by NordenMedia (www.nordenmedia.de). Printed in Germany

Herstellung: Books on Demand GmbH
Layout und Satz: Grafikbüro Bickel, Wyk
Text: Uwe Asmussen, Wyk

ISBN 978-3935347075

Uwe Asmussen

Und wovon träumst du nachts?

Erinnerungen an eine Kindheit
zwischen Wunsch
und Wirklichkeit

NordenMedia

Vorwort

Uwe Asmussen, Jahrgang 1949, wohnhaft im kleinen Hafenstädtchen Wyk auf der Nordseeinsel Föhr - an der Westküste Schleswig-Holsteins. Er ist eines von vier Kindern.
Uwe's Kindheit war, jedenfalls überwiegend, eine glückliche. Und doch gab es Augenblicke, Menschen und Situationen, die Uwe in seinem frühen Leben oft das Lachen nahmen. Er galt überall als ein fröhlicher, aufgeweckter Junge, und niemand bekam eigentlich so richtig mit, wie oft ihm das Lachen verging und er selber viel mehr ein Objekt, ein Opfer für Lacher, Spötter und Peiniger wurde.

Von manchem dieser Augenblicke erzählt dieses Buch – Erinnerungen an prägende Kindheitstage. Uwe hat diese Erlebnisse damals in sich hinein gefressen und mit in sein Leben genommen.

Die folgenden Jahre ließen Gras über das Erlebte wachsen. Vieles glitt ab in die Vergessenheit. Erst im Umgang mit seiner eigenen Familie wurde er wieder unmittelbar auch an seine eigene Kindheit erinnert.
Er träumt als Kind den großen Traum, „etwas zu werden". Den Traum von Erfolg und Anerkennung.
Das Leben setzt ihm seine persönlichen Grenzen.

So entschied er sich eines Tages für sich allein, ein Buch zu schreiben. Zu schreiben von Menschen und Bestien, von Frieden und Krieg in seiner kleinen Kinderwelt. Ein Buch über die ersten Lebensjahre in jener kleinen Hafenstadt.

Nach wenigen Tagen war sein persönliches Buch, eine leise Klage über jene Zeit und ihre Verhältnisse, fertig.

Manche Freunde und Wegbegleiter, denen er seine Empfindungen zukommen ließ, ermunterten ihn, dieses „sein" Buch zu veröffentlichen, weil es zu einem zeitkritischen Nachdenken anregt und bei manchem Leser eigene Erinnerungen weckt.
Uwe Asmussen gab diesem Wunsch nach.

Ganz bewusst verzichtet der Autor auf Namensnennung von Personen. Es geht ihm nicht um Rache oder Abrechnung mit Einzelnen. Es ist ihm nicht wichtig, dass der Leser erfährt, wer-wann-wo-was getan hat, wichtig ist ihm allein, dass es passiert ist.

Und er hofft für die Kinder von heute auf andere, bessere Zeiten. Damit man sich auch als Erwachsener wieder gern an seine Kinderträume erinnert.

Reh van Berg, im Juni 2003

Aus dem (verträumten) Inhalt

Der Träumer 1
11

Auf gute Nachbarschaft
25

Nicht für die Schule lernen wir
45

Meine erste Liebe
71

Sportlich, sportlich
91

Bunte Mischung
105

Lehrjahre sind keine Herrenjahre
119

Der Träumer 2
133

Der Träumer 1

Sie haben mich alle nur ausgelacht. Und dabei sah man doch, wie es mir ging. Ich hatte Tränen in den Augen. Mir war die Sache wirklich ernst.

Aber ich habe es mir gleich gedacht, denn meine Familienmitglieder hatten es mir ja schon etliche Male gesagt. „Niemand", sagten sie immer wieder, „aber auch wirklich niemand". Ich hatte ja selber Schuld. Ich wollte es wohl so. Denn anders ist es nicht zu erklären, dass ich immer und immer wieder nachfragte, wer denn wohl daran interessiert sei, wenn ich ein Buch über mein Leben schreiben würde. Doch ich wagte es wieder und wieder, hoffend darauf, dass vielleicht dieses Mal die Antwort anders ausfallen würde. Aber vergebens. Wieder höhnte man mir ein spöttisches „Niemand" zu. Ach Mensch.

Selbst meinen Bruder konnte ich nicht für mein Vorhaben begeistern. Lag es vielleicht daran, dass er sieben Jahre älter ist als ich und damit früher eigentlich gar kein richtiger Bruder für mich war? Er hat ja auch als Kind nie richtig mit mir gespielt. Später einmal, wir waren beide schon erwachsen, hat er mir einmal verraten (oder soll ich besser sagen: vorgeworfen?), dass es ihn einfach genervt hätte, dass er oft zeitgleich mit seinem kleinen Bruder, also mit mir, ins Bett zu gehen hatte. Aber das war doch nun schon viele Jahre her. Man kann seinem Bruder doch nicht alles ein Leben lang vorhalten, und außerdem war es ja nicht meine Idee gewesen. Unsere Mutter hatte es so entschieden. Soll er sich doch bei ihr beschweren. Aber das geht jetzt auch nicht mehr, denn sie ist schon tot.

Ich konnte und konnte es nicht bleiben lassen. Ich fragte ein achtes, neuntes und zehntes Mal. Mein Buch über mein Leben soll keiner wollen? Andere haben doch auch Bücher geschrieben und sind dadurch berühmt geworden. Warum nicht ich? Es muss ja auch kein Buch über mein Leben sein. Mag ja angehen, dass das wirklich nicht so aufregend war. Meine eigene Einschätzung ging auch ab und zu in diese Richtung. Hin und wieder, wenn auch selten, taugte es wirklich nicht viel. Es gab Augenblicke, da hätte ich es aufgeben oder wegwerfen können. Im Nachschauen aber waren es gerade diese Vorkommnisse, die alles so interessant erscheinen ließen, und die wollte ich doch aufschreiben. Meinetwegen hätte ich auch einen Krimi schreiben können, eine Kindergeschichte, einen Reisebericht oder irgend etwas anderes. Irgendetwas auf Papier, das bleibt und nicht vergeht. Etwas, das alle Leute lesen wollen. Etwas, worüber jeder redet. Worüber alle Zeitungen schreiben und Fernsehsender berichten würden. Niemand?

Ich muss wohl noch zu jung gewesen sein an diesem Tag, als man mich wieder einmal auslachte, obwohl ich Tränen in den Augen hatte. Und dabei hatten sie selber noch welche in ihren Augen, meine Mutter und mein Vater.

Als ich mich damals mit meinen zwölfeinhalb Jahren vor sie stellte und ihnen sagte, dass auch mein Leben einmal so enden solle, da haben sie gelacht. Mich traf das wieder wie spöttischer Hohn. Genauso wie das sich wiederholende „Niemand" meiner Familie. Mein Bruder hatte übrigens an diesem Tag keine Tränen in den Augen. Ihm war das wohl alles egal. War ja auch alles weit weg, was da passiert war. Er kam an jenem Abend im November erst ganz spät nach Hause, sagte uns nur so im Vorübergehen „Gute Nacht" und verschwand in unserem Kinderzimmer. Er hatte gar nicht mitgekriegt, was geschehen war.

Wir, der Rest der Familie, saßen wie fast jeden Abend vor dem Fernseher. Nein, wir waren nicht süchtig. Das konnten wir zu dieser Zeit noch gar nicht gewesen sein, denn wir hatten unseren Fernseher erst ein paar Wochen. Nach meiner Erinnerung dürfte es im Februar des gleichen Jahres gewesen sein, als meine Eltern ihn gekauft haben, denn ich sehe vor mir noch das Bild, wie wir alle mit unseren Freunden und einigen Bekannten in der Stube sitzen und auf die Mattscheibe stieren. Rosenmontag. Direktübertragung des Faschingsumzuges aus Mainz, oder war es aus Köln? Oder aus Düsseldorf? Keine Ahnung mehr, woher. Jedenfalls in schwarz-weiß, das ist sicher. Und lange hat er gedauert. Obwohl ich selber auf einem bequemen Ohrensessel saß, wurde uns allen das Sitzen schwer. Unsere Bekannten hatten sich fast demütig auf den harten Küchenstühlen niedergelassen. Für sie war alles noch schlimmer. Jedenfalls hatten wir, wie sonst nur wenige im Ort, ein eigenes Fernsehgerät. Damit endete für uns Kinder auch die „Steh-Zeit" vor dem Elektrogeschäft. Die Olympiade und die

Fußballweltmeisterschaft haben wir noch so, stehend, vor dem Fernsehladen, erlebt. Nun aber saßen wir alle im Warmen, im Trockenen und bei uns zu Hause.

Das neue Medium Fernsehen hatte aber schon in diesen wenigen Wochen den Ablauf unseres Familienlebens geprägt. Eine Sendung hatte einen besonders wichtigen Platz im Tagesablauf: Die 20-Uhr-Tagesschau. Die auf dem Ersten Programm. Es gab ja auch nur das Erste. An diesem Novemberabend gab es natürlich auch eine. Und die hatte es in sich.

Zuerst wie immer Politik, Wirtschaft und alles mögliche, was mein Spatzengehirn, ich war ja erst zwölf Jahre alt, sowieso nicht begriff. Wegen der Nachrichten saß ich auch nicht vor der Mattscheibe, sondern wegen des damals noch so beliebten Abendprogramms. Es sollte Robert Lembkes Ratesendung „Was bin ich?" kommen. Die mit den kleinen Porzellan-Schweinen als Spardosen, dem Rate-Team mit dem Ratefuchs Guido aus der Schweiz und dem jeweiligen Ehrengast, den es, mit einer Maske vor den Augen, zu erraten galt. Für jedes „Nein" gab es fünf Mark, bis zu zehn Mal, und dann war eine Raterunde zu Ende. Beginn dieser für mich interessanten Sendung war Viertel nach Acht.

Meistens begannen die Sendungen des Abendprogramms pünktlich, aber an diesem Abend wurde nichts daraus. Kurz vor Ende der Nachrichten, ich wartete schon auf die Wetterkarte (nicht wegen des Wetters, aber dann ging es gleich los), da kam noch eine Meldung aus Amerika ins Studio. Sie wurde nur kurz und knapp vorgelesen. Mehr war im Augenblick noch nicht bekannt. Man wollte sich im Verlaufe des Abends immer wieder melden, wenn es Neues oder Genaueres zu erfahren gab. Die Kurzmeldung lautete (und man konnte sie als Untertitel sogar direkt ablesen): „Mordanschlag auf den Präsidenten der Vereinigten Staaten von Amerika John F. Kennedy. Näheres im Verlauf der Abendsendungen".

Von einem Politiker Kennedy hatte ich schon gehört. Er muss ein toller Mann oder meinetwegen auch Politiker gewesen sein, denn in meinem Ohr klang noch das berühmt gewordene „Mauer-Zitat" aus Berlin: „Ich bin ein Berliner." Schon damals hatten wohl Tausende ihm zugejubelt. Wir hatten es der Zeitung entnommen oder in den Nachrichten gesehen, die wir hin und wieder bei unseren unter uns wohnenden Nachbarn sahen. Die hatten noch vor uns einen Fernseher. Natürlich gingen wir nicht nur zu den Nachrichten die sechzehn Stufen nach unten, sondern durften dann auch am Abendprogramm teilnehmen.

Nun war er tot, der Präsident! – Oder auch nicht!? Man wusste ja noch nichts Genaues. Es schien aber etwas Schlimmes passiert zu sein. Politisch konnte ich das Geschehen nicht einordnen, aber was wie ein Dolch durch meinen Leib jagte, war der Ausruf meines Vater: „Jetzt gibt es Krieg!"

Oh nein, bloß das nicht, keinen Krieg! Warum das denn, wir haben doch nichts getan? Alles wieder so, wie es vor ein paar Jahren war. Wieder eine solche Zeit, von denen unsere Eltern gerade erzählt hatten, dass sie froh waren, dass alles vorbei sei. Und nun wieder Krieg. Und das alles wegen diesem Kennedy. Eine Tragödie bahnte sich an.

Wir haben den ganzen Abend wie gebannt vor dem Kasten gesessen und Nachrichten gehört und gesehen. Meine Eltern waren natürlich viel interessierter als ich, aber Mord, Attentat, Tod und eventuell Krieg, das war schon etwas. Gegen 23 Uhr war dann das Abendprogramm zu Ende. Jeden Abend war das Programm um diese Zeit zu Ende, denn länger sendeten sie damals nicht.

Dieses Geschehen jedoch hatte mein Bruder nicht mitbekommen. Sonst wäre er vielleicht auch so ergriffen gewesen wie ich, als Präsident Kennedy einige Tage nach seinem Tod mit einem Staatsbegräbnis beigesetzt wurde.

Das war ein Ereignis! Wie gut, dass wir Fernsehen hatten, es gab nämlich eine Direktübertragung der Feierlichkeiten zur Beisetzung des amerikanischen Präsidenten. Was wir da zu sehen bekamen, trieb uns die Tränen in die Augen.

Ich glaube heute, es war meine zweite Beerdigung, an der ich mit meinem ganzen Inneren teilgenommen habe. Bei den Beerdigungen meiner Großeltern oder anderer Verwandten bin ich bis dahin nie dabei gewesen. Beim ersten Mal, an das ich mich gut erinnern kann, ist ein guter Freund unseres Hauses, ein Seelsorger, der Priester unserer Kirchengemeinde, gestorben. Er wurde nach einem Trauergottesdienst mit einem Leichenwagen, der von zwei schwarzen Pferden gezogen wurde, von der Kirche in der Stadt zu dem am Ortsrand liegenden Friedhof gebracht.

An dem Tag der Beerdigung geschah noch etwas. Ein paar Tage vorher war ich in der Schule unangenehm aufgefallen und hatte dafür eine Strafe anzutreten. Nachsitzen! Der Lehrer hatte sich genau für den Mittwoch entschieden, an dem die Beerdigung meines guten Freundes, denn ich mochte unseren Priester sehr, stattfinden sollte. Ängstlich ging ich zu unserem Klassenlehrer und fragte, ob ich es mit einer Strafarbeit ableisten könne, was ich da verbrochen hatte. Er willigte ein, und ich hätte zeitlich nun die Chance gehabt, dabei zu sein, wenn mein Freund, er wurde nur 32 Jahre alt, seinen letzten Erdenweg anzutreten hatte.

Aber ich war nicht dabei. Jedenfalls nicht direkt eingeordnet in den festlichen Trauerzug. Noch heute sehe ich das Bild vor mir, wie ich hinter einem Rotsteinhaus stehe und mich vorsichtig nach vorne beuge, um, unerkannt und unbemerkt dem Trauerzug zuzusehen. Als er schließlich näher kam, habe ich mir noch die Mütze vom Kopf gerissen und mich huldvoll verbeugt, und der Trauerzug zog schweigend vorbei. Ich wischte mir meine Tränen in den Ärmel meines Pullovers. Das war mein erster Trauerfall, an den ich mich bewusst erinnere.

Der zweite fand nun also weiter entfernt, in Amerika, statt. An Krieg und Katastrophe habe ich an diesem Nachmittag nicht gedacht. Alles war so feierlich, so still und so festlich. Sogar wir in der Stube sitzend hatten eine Haltung angenommen, als wären wir direkt am Ort des Geschehens. Wir saßen aufrecht und mit gefalteten Händen in unseren Plüschsesseln. Keiner redete ein Wort. Mutter meinte, es sei die schönste Beerdigung, die sie je gesehen hätte, und selbst Vater hatte sich ein paar Minuten von seiner Arbeit frei genommen, um das Schöne mitzuerleben. Die Bilder gingen nicht nur um die Welt, sie gingen mir auch ins Herz. Jede einzelne Szene prägte sich in meine Seele oder in mein Gefühl ein, als wäre es mein eigener Vater gewesen, der da gestorben sei. Nein, noch tiefer. Ich hatte unterschwellig die Vision... Ich mag sie gar nicht aussprechen. Sie klingt so absurd. Sie hört sich ohne weitere Erklärung so lebenskrank, so verzagt an. Aber ich sage es trotzdem. Ich fühlte in mir das Sehnen – ich wäre es gerne selber gewesen, der da so beerdigt wurde. So, jetzt ist es raus. Punkt, fertig! Es stand ja auch wirklich so in mir. Trotzdem habe ich es in der nächsten Zeit immer als sehr positiv empfunden, noch zu leben. Aber damals? Ich hätte so gerne mit dem Herrn Präsidenten, mit J.F. Kennedy, getauscht. Die Bilder! Das Gefühl! Die Stimmung! Es war in der Tat zum Heulen, was wir dann ja auch alle taten. Für die, die daran keine persönliche Erinnerung haben, möchte ich kurz schildern, was sich dort in Amerika abspielte.

Für mich war es wohl das Fernsehereignis meines Lebens. So jedenfalls empfand ich es eine lange Zeit. Ich wusste ja nicht, dass einmal Tage kommen sollten, an denen wieder bedeutende Menschen durch Mord und Unglück umkommen sollten. Martin Luther King, Gandhi oder Prinzessin Diana. Selbst bei dem nicht überraschenden Tod der alt gewordenen Mutter Theresa und dem Freitod von Hannelore Kohl, der Frau des ehemaligen Bundeskanzlers, wurde ich wieder irgendwo an meiner weichen Stelle getroffen. Die Tränen allerdings sind bis heute weniger geworden. Sterben ist mehr und mehr auch in mein Leben eingezogen. Es mag daran liegen, dass man die Lebensmitte überschritten hat. Auch die eigenen Eltern sind nicht mehr. Man hat so oft an einer Gruft, an einem Grab gestanden – so oft. Und trotzdem bleibt es etwas Besonderes.

Etwas ganz Besonderes strahlte uns auch die Bildröhre ins Wohnzimmer. Sonnenschein in Washington. Und das im November. Weiße Wattewolken. Königswetter. Und Bilder der Betroffenheit und des Entsetzens. Immer noch vom Geschehen wie gelähmt, betreten die zahlreichen Ehrengäste das Gotteshaus, und der gewaltige Chor von mehreren hundert Sängern singt in der Kathedrale. Weiße und Schwarze, so wie Kennedy es immer wollte.

Die Bilder aber, die Augenblicke, die mein Leben beeinflussten, geschahen draußen. Hier wartete ein Panzerspähwagen des amerikanischen Militärs, sauber herausgeputzt und doch als Kriegsfahrzeug zu erkennen, mit einem Anhänger, einer Lafette mit dem Blumen geschmückten und dem Sternenbanner abgedeckten Sarg. In meinem ferneren Leben habe ich noch oft solche Bilder von Särgen und Trauerfeiern gesehen, und immer und immer wieder dachte ich dann an ihn, an J.F. Kennedy – und an seine so würdevolle Beisetzung.

Soldaten verschiedener Waffengattungen, die prächtigsten Uniformen tragend, schreiten schweigend im geübten Halbstechschritt die Treppen herunter. Ihre zu tragende Last empfinden sie nicht als solche. Es ist ihr Präsident. Ihr Freund. Tausende von Zuschauern, neugierig oder teilnehmend oder beides, säumen den Platz und die angrenzenden Straßen. Der Sarg wird auf die Lafette geschoben. Zum Abschied nehmenden Salut fliegen die flachen, fingeraneinandergepressten Hände an die Schläfe. Ein letzter Gruß, und die Fahrt beginnt. Ein Weg durch Menschentrauben und Straßen, durch Trauer und Stille. Im Schritttempo, einen Fuß nach dem anderen vorwärts schiebend, bewegt sich der Trauerzug. Eine Fahrt, hin zum Friedhof, der letzten Ruhestätte.

Und was war das da, am Ende der Lafette? Nach amerikanischer Sitte üblich, für mich völlig neu und nie gesehen, ein reiterloses Pferd, vielleicht als Symbol des Verlustes für Volk und Familie. Schwarz, kärglich geschmückt, den Kopf gesenkt. Gerade so, als hätte es auch verstanden und begriffen, was hier geschehen ist. Mit einer kurzen Leine an die Lafette angebunden, schreitet es – gleichsam würdevoll – in gebührendem Abstand hinter dem Sarg. Ein paar Schnauber zwischendurch, ein paar Versuche, den Kopf aus der Leine zu ziehen; dann wieder der Gleichschritt mit den Trauernden.

Dahinter sie. Sie, die aufrecht gehende, tapfere Ehefrau Jackie. Galt sie schon immer als eine der schönsten Frauen der Welt, war sie an diesem Tag noch schöner. Wie ein Monument, gerade und stolz – und doch so sehr verletzt. Diese Widersprüche waren nicht zu verbergen. Sie wollte nicht weinen oder sie konnte nicht mehr. Vom Gesicht war nichts zu sehen, ein schwarzer herabhängender Schleier verhüllte ihr schönes Antlitz. Sicherlich war es auch an diesem Tag dezent und anmutig geschminkt, sehen konnte man davon allerdings nichts, alles verborgen hinter schwarzem Tüll. Nur die Nahaufnahmen ließen vermuten, dass hinter diesem schlichten Schwarz die Fülle einer bewunderten Fraulichkeit verborgen gewesen sein muss. Einen Fuß setzte sie vor den anderen, immer und immer wieder. Die schon abgekühlte Novembersonne schien auf die Tragödie, als wäre nichts geschehen. Eher ein Wetter, um in den Urlaub zu starten oder noch einmal an die See zu fahren – aber dieser Zug bewegte sich in Richtung Friedhof.

Neben ihr ihre beiden Kinder. Der kleine John und seine Schwester Caroline. Beide taten mir Leid. Sie hatten ihren Vater verloren. Nie würde er zurückkommen. Weg für immer. In seinem Maß geschneiderten, kurzen, doppelreihig geknöpften Mantel sah der kleine John aus wie ein Minister, nein, wie ein Präsident, wie sein eigener Vater. Dieses Kind sorgte für Bilder, die um die Welt gehen sollten. Bilder, die zum Markenzeichen der Kennedytragödie wurden. Ungewollt, unbedacht, aber ebenso exakt und gekonnt, flogen auch seinen kleinen Finger majestätisch zum Abschiedsgruß an die Schläfe. Eben, wie gerade bei den richtigen Soldaten, so jetzt auch bei ihm. Während der Trauerzug die Familie passierte, stand er da wie ein Großer. Den kleinen rechten Arm exakt im Winkel von 45 Grad eingeknickt. Der kleine Mittelfinger berührte knapp die Stelle, an der der Mittelfinger bei einem geübten Gruß zu liegen hat. Blitze hellten auf. Auslösergeräusche machten sich wie ein leises Gewitter bemerkbar. Niedlich, meinten die einen, typisch ein Kennedy, die anderen.

Und noch ein Bild hat sich bei mir eingeprägt. Die „ewige Flamme" auf dem Carlington-Friedhof, eine in die Erde eingelassene Silberschale, aus der seit dieser Zeit, wahrscheinlich bis in alle Ewigkeit, eine Flamme lodert. Klein, aber lebendig. Die Flamme als Zeichen der menschlichen Wärme, des Lebens und der Kraft. Noch heute lodert sie an gleicher Stelle mit gleicher Intensität, mit gleicher Bedeutung: Nämlich daran zu erinnern, dass mit dem Tod nicht alles aus ist – dass es immer noch Leben gibt, immer noch Wärme, immer noch Licht.

Bis heute weiß ich nicht, was es nun genau gewesen ist bei der Ansammlung von Eindrücken, die mich bis heute geprägt haben und die bisweilen immer noch den Wunsch aufkommen lassen, ich wäre es so gerne selber gewesen, der da auf der Lafette gelegen hätte. Was ist es im Verborgenen eines Menschen, was ist es im Verborgenen bei mir, dass das Gefühl nährt, solches gerne selbst erlebt zu haben? Die Kugeln, die Kennedy in den Nacken und die Brust trafen, sind es jedenfalls nicht. Es ist nicht der Mord, nicht das Getötetwerden. Es ist die Feierlichkeit der letzten Schritte. Nicht das heldenhafte, glorreiche Sterben, sondern das würdevolle Abtreten.

Ich habe über meine Gefühle oft gesprochen, bis in unsere heutige Zeit hinein. Die einen raten zum Psychiater, die anderen meinen, ich habe vielleicht irgendwo in der Erziehung Defizite erlitten. Oder ich sei ein Träumer. Ein Spinner. Ein Phantast. Ein Mensch, der sich nach Anerkennung sehne.

Dazu nur soviel: Inzwischen bin ich verheiratet und das seit über 30 Jahren. Meine Frau, glaube ich, liebt mich, und ich genieße ihre Anerkennung, spürbar und dankbar. Unsere Tochter und ich sind meistens, mit kleinen normalen familiären und generationsbedingten Ausnahmen, ein Topf und eine Pfanne – oder „een Pott und een Pann", wie meine Mutter in ihrem deftigen Plattdeutsch oft zu sagen pflegte. Ich bin Träger eines kirchlichen Ehrenamtes, selbstständiger Kaufmann und integriert in unser Stadtbild. Das ist es also wohl nicht – oder doch? Wer weiß.

Mein Gefühl geht noch einmal und immer wieder zurück zu dem herrlichen Herbsttag, der Beisetzung des Präsidenten. Immer wieder frage ich mich selber, was es ist, was mich so fasziniert, so bewegt hat und heute noch bewegt – fast vierzig Jahre nach diesem Geschehen.

War es der Sarg, der mit dem Sternenbanner abgedeckt war? Oder die Fahne selbst – als Symbol von Staat und Macht, von Liebe und Untergebenheit, von Menschlichkeit, Frieden, Heimat und Stolz? Oder war es vielmehr das reiterlose Pferd? Ein Symbol der Verlassenheit, der Leere, des Alleinseins und des Verlustes? Oder war es die Witwe, die so gerade, so stolz, so in Schwarz und so verletzt – aber überaus tapfer – daherging? Einen Fuß vor den anderen schiebend. Aufrecht und voller Würde, voller Schönheit, voller Liebe. Oder war es John, der kleine Kinderoffizier in seinem eleganten Kindermäntelchen? Der, nicht wissend, was er tut, zum letzten majestätischen Gruß getrieben wird und damit unvergessen bleibt für Millionen? Unvergessen, trotz aller Entwicklung im weiteren Leben. Der kleine John – ein Held? Ein Denkmal für Kindlichkeit und Größe? Oder war es die ewige Flamme, die knapp über dem schwarzen Erdreich lodert und flackert? Jeden Tag, unaufhörlich. Man beugt sich über sie, man nimmt sie wahr. Feuerwärme und Flammenlicht betasten das Gesicht gleich einer wärmenden Mutter- oder Vaterhand. War es diese Flamme, die in mir eine Hoffnung weckte und erhielt, dass am Grabe nicht Schluss, nicht Ende, nicht alles aus ist? Ist es die Lebendigkeit des Feuers, das nie ausgeht, nie verendet, nie verlischt?

Es sind die die Seele bewegenden Bilder jenes Tages, die mir in Erinnerung geblieben sind und die mich nachdenklich werden lassen. Jedes Mal neu, wenn wieder ein Großer oder ein Lieber oder ein Niemand die Erde verlässt oder verlassen muss.

Inzwischen habe ich schon von meinem Ehrenamt als Seelsorger her an vielen Beerdigungen teilgenommen. Mal als Redner, als Prediger, mal als Betroffener, als Hinterbliebener. Ich sehe Grabgruben und Grabhügel, Blumen und Kränze, Erde und Himmel. Ich höre Weinen und Klagen, Singen und Musizieren. Ich nehme die Stille wahr und den Frieden – aber auch das Gefühl, dass mancher froh ist, dass die Lebensverbindung zu einem Störenfried endlich gekappt worden ist. Ich habe Alte sterben sehen, Junge und ganz Junge, Krebskranke und Altersschwache, Verunglückte und solche, die selber Hand an sich gelegt haben.

Und jedesmal, wenn ich wieder Abschied nehme oder nehmen lasse, sehe ich sie vor mir, die Bilder aus Amerika. Den Sarg, das Pferd, die Witwe, den kleinen John, die Flamme.

Die Geschichte der Kennedys ist weitergegangen. Ich habe sie nur im Augenwinkel verfolgt. Die Hochzeit Jackies mit Onassis, einen weiteren Brudermord, die scheinbar hier und da ungeratenen oder jedenfalls von der Presse so beschriebenen Kinder. Viel weiteres Elend und Unglück. Aber es ist nicht der Name, es sind nicht die Personen der Kennedys – es ist das Abschiednehmen, das Gehen. Das würdevolle Abtreten von dieser Erde.

Mich haben diese Eindrücke so bewegt, dass sie heute noch in mir parat sind, ganz lebendig und jederzeit abrufbar. Bin ich ein Spinner? Ein Fall für den Psychologen, den Psychiater? Ich habe mein Gefühl, das ich oft hatte, selbst da liegen zu mögen, nie unterdrückt und bin offen damit umgegangen. Leider oder gut so – ich weiß es nicht. Das Ergebnis ist noch nicht fertig, noch nicht gereift. Vielleicht habe ich auch zu oft und an allen möglichen Stellen darauf hingewiesen, dass ich auch einmal so beerdigt werden möchte, so in der Art, die ich nicht beschreiben kann, die ich aber erleben möchte. Einmal so abzutreten wie J.F. Kennedy – das war, das ist mein Traum.

Dass es nicht genauso und auch nicht so ähnlich sein wird, was das Äußere angeht, ist mir schon klar geworden. Ich habe einen einfachen Beruf erlernt, bin nicht in die Politik gegangen, habe nicht aktiv an Bürgermeister- oder Landratswahlen teilgenommen. Deshalb dürfte es solch ein Ende mit dem Banner, einer Landesfahne, nicht geben. Und auch das Pferd wird nicht hinter mir her trotten, traurig und mit kleinen Schritten, angebunden und mit gesenktem Kopf, denn schließlich leben wir nicht in Amerika. Es wird auch kein Sohn salutierend am Sarg stehen; vielleicht traurig und dankbar eine Tochter. Und die Witwe? Schwarz wird sie tragen! Und aufrecht gehen? Fragen, die offen bleiben.

Und die Flamme? Statt auf dem Grabe wird sie zunächst diejenige sein, die meinen Körper wieder zu Erde, zu Asche werden lässt. Eine Grabstätte mit einer ewigen Flamme gibt es auch nicht. Nicht einmal Blumen werden auf meinem Grabe stehen, denn wir, meine Frau und ich, haben uns für die Anonymität entschieden.

Mein Wunsch aber sitzt fast traumatisch in mir. Ich möchte wie J.F. Kennedy abtreten von dieser Welt. Abtreten wie ein Großer!

Noch gestern habe ich in einer Unterhaltung über das Sterben diesen meinen Traum geäußert, mein persönliches Bild vom Abschiednehmen gemalt. Schmunzelnd habe ich nach fast vierzig Jahren wieder von meinem „ewigen Traum" erzählt. Aber man hat mich wieder nur ausgelacht. So wie damals, als ich als Kind den Wunsch in mir trug, berühmt zu werden und einmal so von dieser Erde zu gehen wie er: J. F. Kennedy.

Auf gute Nachbarschaft

»Nachbarn, das sind Leute gleich von nebenan – Nachbarn braucht ein jeder dann und wann«. Hanne Hallers Lied spielte leise, sehr leise im Radio. Unsere Anlage ist zwar nicht mehr die beste, aber sie tut noch ihren Dienst. „Nachbarn, das sind Leute....".

Wir haben nette Nachbarn – heute. Links von uns wohnt ein Architekt. Sein Alter schätze ich auf 32 bis 34 Jahre. Genaueres weiß ich nicht, denn obwohl wir nun schon über drei Jahre nebeneinander wohnen und uns fast täglich sehen, sind wir noch nicht intensiv ins Gespräch gekommen. Einmal haben wir bisher zusammen an einem Tisch gesessen. Das war zu einer Zeit, als wir noch nicht da wohnten, wo wir heute wohnen, sondern nur unseren Bauplatz in der Straße hatten. Damals bestand die Anwohnerschaft aus drei Partien. Jene drei schon vorhandenen Partien, insgesamt sechs Erwachsene und zwei oder drei Kinder, hatten zu einem „Straßenfest" eingeladen. So nannten sie ihr Meeting in der kleinen Stichstraße, einer Sackgasse. Und weil wir doch nun auch bald zuziehen würden, hatte man uns schon einmal mit eingeladen. Ein langer Tisch war mitten auf der kurzen, im Winkel verlaufenden Straße aufgebaut. Links und rechts standen ein paar Bänke, wie man sie aus den Zeltverleihen kennt. Das Wetter spielte jedenfalls gut mit. Es war ja auch mitten im Sommer. Wir hatten uns erlaubt, uns zum Kuchenbacken anzubieten, was auch gerne angenommen wurde.

Wir, das war natürlich überwiegend, oder eigentlich ausschließlich meine Frau, denn ich hatte bis dahin trotz über 25jähriger Ehe fast noch nie im Haushalt geholfen. Obwohl, ganz so schlecht will ich mich auch nicht machen. Die üblichen Aufgaben eines Ehemannes, wohlgemerkt dieser Generation, so meinte ich jedenfalls immer, habe ich natürlich auch erfüllt und bewältigt. Zum Beispiel Wäsche aufhängen – oder besser gesagt, Wäsche abnehmen. Ehrlich gesagt, auch das nur, wenn ich die persönliche Aufforderung dazu bekam. Aber Geschirr aufdecken und abdecken, Mülleimer raus bringen oder die Mülltonne montags und donnerstags an die Straße schieben, das hatte ich drauf. Zugegeben, auch diese Tätigkeiten hat meistens meine Frau erledigt, weil meine Gedanken, was den Haushalt anging, nie weiter reichten, als es das böse Sprichwort behauptet: Nämlich von Zwölf bis Mittag.

Erst jetzt, beim Schreiben dieser Zeilen, stelle ich so richtig fest, dass es, Gott sei Dank, darüber bei uns nie zu einem handfesten Streit gekommen ist. Es gab wohl Tage, an denen meine Frau mich merken ließ, dass ich etwas vergessen hatte, aber ihre Mimik oder Gestik war nie ausfallend, verbogen oder gar verletzend, als dass es dadurch zu einem Ehekrach gekommen wäre. Mich selber lobend möchte ich jedoch erwähnen, dass ich mich wirklich bemüht habe, auch auf diesem Gebiet immer besser zu werden. Gott ist mein Zeuge. Der Stand heute ist der, dass meine Frau im Gespräch mit anderen schon hier und da einmal erwähnt, dass ich durchaus das Meine tue. Wobei sich dann allerdings oft immer noch ein kleines Lächeln in ihrem Gesicht zeigt. Und wenn sie dann noch mit ihrer Hand über meinen Schopf streicht und ihr frauliches „nicht wahr, mein Lieber?" haucht, wird mir wieder bewusst, dass es wohl noch Verbesserungsmöglichkeiten gibt. Eines ist aber sicher, morgen kommt wieder die Müllabfuhr und holt die gelbe Tonne ab, und ich habe nicht nur den häuslichen Mülleimer geleert, sondern auch die Tonne an die Straßenecke gefahren. Das sei nur als schriftliche Notiz festgehalten, wie in einem Protokoll. Es kann ja sein, dass ich diese Bemerkung noch einmal suchen werde, um zu beweisen, dass ich nicht nur unnütz oder auf die eigenen Hobbys und Interessen fixiert war. Dieser Ausflug in meinen Ehestand mag zunächst genügen. Ich wollte ja nicht so viel über uns als vielmehr über unsere Nachbarschaft berichten.

Übrigens, der Architekt hat selbstverständlich auch eine Frau. Jung, dynamisch und blond. Das sind so die einzigen Angaben, die ich mit Bestimmtheit von ihr machen kann, denn diese Adjektive blieben meinen Augen nicht verborgen. Ob meine Frau sie genauso beschreiben würde, lasse ich an dieser Stelle einmal offen, denn wie wohl allen bekannt ist, sehen Frauen Frauen immer mit anderen Augen. Jedenfalls habe ich das oft festgestellt. Meine Tochter hat dann stichelnd und ein wenig lästernd hinzugefügt, dass deshalb wohl Frauen eher schön als klug seien, weil Männer besser sehen als denken könnten. Ein Stückchen Wahrheit, aber eine Werbung für das weibliche Geschlecht ist das allerdings auch nicht. Ich schätze bis heute auch die Klugheit bei Frauen. Obwohl, wie will man sie feststellen? Stellt man sie erst fest, ist man meistens schon ein Opfer derselben geworden. An dieser Stelle möchte ich aber nicht weiter über Frauen im Allgemeinen urteilen und philosophieren, denn wahrscheinlich wird meine Frau dieses Buch auf meinen Wunsch hin als „Lektorin" auf eventuelle Fehler durchlesen, und dann gibt es wieder eine Diskussion. Oder wieder nur das leise Lächeln auf ihrem Gesicht, wie bei der Anerkennung meiner Hilfe im Haushalt.

Also mein Urteil über unsere Nachbarin zur Linken steht fest: Jung, dynamisch und blond. Ach ja, und schlank. Das ist ja für uns Männer auch immer noch ein wichtiger Aspekt. Denn in unserer heutigen Welt zählt ja nur schlank und schön. Dass ich nicht mehr über sie erzählen kann, liegt eben daran, dass wir uns, außer bei dem Straßenfest, nie wieder länger unterhalten haben, als es beim flüchtigen Vorbeigehen oder -fahren mit dem Auto oder dem Rad möglich ist. Meistens sind es nur die beiden „Moin" im freundlichen „Moin, Moin", die zwischen uns hin- und hergehen. Ihr Mann, der Architekt, ist da schon etwas beredter. Bei ihm reicht es immerhin noch hin und wieder zu einer Frage nach dem Wetter. Ob es wohl wieder regnet oder endlich einmal die Sonne durchkommt? Wer nun meint, es würde sich hier um zwei Muffelköpfe handeln, der liegt falsch, denn erstens sind wir eine ganz andere Generation als die beiden. Zweitens sind wir selten zu Hause und drittens haben wir ja auch noch nicht viel dazu getan, um uns besser kennen zu lernen. Doch, mir fällt gerade zu unserer Verteidigung ein, einmal haben wir unsere Nachbarn alle zu uns ins neue Haus eingeladen. Wir wollten uns genauer und persönlicher vorstellen. Eines Morgens, oder besser gesagt, kurz vor Mittag, haben wir bei uns auf der Terrasse zum Brunch eingeladen. Aber es sind von den Wenigen nicht alle gekommen. Und doch, es war schön. Auch für die Kinder, die eigentlich das Leben der Sackgasse darstellen. Mittlerweile sind es insgesamt schon sechs.

Unsere Nachbarn zur Rechten sind ganz besondere Nachbarn. Nicht nur, dass sie über zwei aneinander liegende Grundstücke verfügen und damit über doppelt soviel Grundbesitz wie wir anderen, sie sind auch von den Personen her etwas ganz Besonderes. Jedenfalls hat man bei ihm, dem Hausherrn, den Eindruck. Heute ist er bereits Rentner, obwohl er noch gar nicht so alt ist. Nach meinen Vorstellungen hat er einen beneidenswerten Job gehabt. Er war ein „großes Tier" in der Geschäftswelt, Geschäftsführer eines einmaligen Unternehmens mit über 200 Angestellten, was für unseren kleinen Ort, für unsere kleine Sackgasse und für mich schon etwas wirklich Erwähnenswertes ist. Während seiner beruflichen Tätigkeit haben wir uns, außer ein, zwei Malen geschäftlich, kaum getroffen. Unbestritten ist aber: Bei aller Reserviertheit, bei allem Abstand und bei allem Unterschied menschlicher Positionen – nett ist er.

Für meinen Geschmack ist seine Frau noch viel netter. Sie ist auch viel jünger. Ich erinnere mich noch, wie die beiden zusammengekommen sind. Hat aber an dieser Stelle nichts zu suchen. Sie steht mir schon deshalb näher, weil ich mit ihrer Schwester zur Schule gegangen bin und sie deshalb gleich duzen durfte. Der Fairness halber muss erwähnt werden, dass sie nicht so jung, nicht so dynamisch und auch nicht so blond ist wie unsere Nachbarin zur Linken. Sie ist schon fast in unserem Alter, jedenfalls ganz schön nah dran. Was sie besonders auszeichnet, ist ihre Gartenliebe. Stundenlang kann sie in ihrem Doppelgarten wühlen und gestalten, und es vergeht kein Tag, an dem man sie nicht zumindest einmal im Garten sieht. Dafür gibt es auch mit ihr viele Gespräche und einen regen Gedankenaustausch an der Gartenpforte. Mal an ihrer, mal an unserer. Bei einer solchen Blumen- und Gartenfreundin bleibt es auch nicht aus, dass hin und wieder Fliederbeersaft vor der Tür steht oder Marmelade, Tomaten oder Äpfel. Und auch Blumensträuße, selbst gepflückt, stehen ab und zu neben unserer Gartenbank.

Bleiben noch die Nachbarn schräg gegenüber. Eine Familie, wie sie im Buche steht. Sie sind noch beide sehr jung und harmonisch vereint, soweit wir das, ohne jeden Tag durchs Schlüsselloch zu gucken, feststellen können. Ein kleines bescheidenes Haus ist ihr Eigen, das die beiden in langen Wochen überwiegend selbst gebaut haben, soweit es eben ging und möglich war – und vier

Kinder; drei Mädchen und ein Junge. Es würde mich eigentlich reizen, mehr über diese kleinen Kadetten zu berichten. Es geschieht nämlich mit ihnen so viel in unserer Sackgasse, und zwar so viel Nettes und Niedliches.

Da schlägt selbst unser mittlerweile älter gewordenes Herz wieder höher, und anerkennend dürfen wir bestätigen, dass sie es gut haben. Sie spielen, malen und rollern auf der Straße – eben in unserer Sackgasse, wo wir das einzige Fahrzeug besitzen, dass immer und immer wieder quer durch ihren „Spielplatz" fährt. Wir haben aber sonst keine andere Möglichkeit, an unser Grundstück und in unsere Garage zu kommen. Da bleibt es nicht aus, dass wir einmal über die bunte Malkreide und das nächste Mal über sorgfältig hingelegte Baumzweige fahren. Nie böse gemeint, aber nicht zu verhindern. Dafür werden wir dann hin und wieder auch Opfer der Wasserpistole oder verschiedener Wurfgeräte wie Bälle, Tücher oder auch härterer Gegenstände.

Eines aber gilt für alle, und damit möchte ich den Rundgang beenden: Sie sind nett, freundlich und fidel. Vielleicht schaffen wir es ja bald wieder einmal, in dieser kleinen, nunmehr von uns vier Paaren bewohnten Sackgasse ein „Straßenfest" zu veranstalten. Wir würden dann auch wieder gerne den Backpart übernehmen, sagt meine Frau.

Auch in dem Haus, wo wir vorher siebzehn Jahre lang gewohnt haben, hatten wir liebe Nachbarn. Zwei Menschen, die wesentlich älter waren als wir. Die waren so lieb zu uns, dass wir sie fast wie Vater und Mutter erlebten und sie auch so, oder sogar besser, behandelten. Obwohl, wir haben immer die notwendige Distanz gewahrt und haben uns nie in die Töpfe geguckt. Aber wenn was war, dann war jemand da. Und das nicht nur im Ernstfall, sondern oft auch bei Kleinigkeiten. Erst als wir aus dem Haus auszogen, merkten wir gegenseitig, was wir uns in den Jahren bedeutet haben. Kurz nachdem wir weggezogen sind, starb unser Nachbar. Zu einer Besichtigung unseres neuen Anwesens ist es leider nie mehr gekommen.

Bis jetzt habe ich intensiv über unsere jetzigen Nachbarn erzählt und bin dabei noch gar nicht auf den eigentlichen Kern meines Vorhabens gekommen. Ich wollte doch viel mehr von den

Nachbarn erzählen, an die ich andere Erinnerungen habe. Leider sind das nicht immer die besten gewesen.

Da ich jetzt weit in meine Kindheit zurückgehen muss, kann man sich vorstellen, dass diese Zeit schon lange vergangen ist und eigentlich heute keine Rolle mehr spielt. Aber da sind anscheinend doch noch Dinge im Kopf oder woanders, die ab und zu schmerzen oder jedenfalls aufstoßen. Zeit heilt also doch nicht alle Wunden? Doch! Mit Gewissheit kann ich sagen, dass ich unter dem Erlebten heute nicht mehr leide. Ich will es auch gar nicht als Unrecht oder Negatives darstellen, es gehörte wohl zu meiner Zeit, wohl zu meinem Leben. Aber berichten möchte ich darüber. Nicht als Anklage. Höchstens ein wenig. Viel mehr aber, um festzuhalten und aufzuarbeiten, was bei allem Wachsen, Verändern und Älterwerden geblieben ist, sich nicht verändert hat und auch vor dem Älterwerden nicht halt gemacht hat. Es sind Erlebnisse, die eigentlich nicht der Rede wert sind. Eines vorweg: Im Angesicht der vielen schrecklichen Ereignisse, die sich, will man den Medien glauben, heute ereignen, waren das in unserer Kindheit „Peanuts" – aus heutiger Zeit gesehen. Damit eines deutlich wird: Ich bin nicht missbraucht worden im Sinne heutiger Rechtsprechung. Nicht geschlagen, jedenfalls nicht mehr, als meine Eltern vor Gott und sich selbst verantworten konnten – und auch nicht versklavt worden, wiewohl man als Kind manchmal den Eindruck hatte. Was uns, oder in meinem Fall besser mir, widerfuhr, ist mit den folgenden Erlebnissen am besten geschildert.

Ich möchte jetzt einen kleinen Ausflug machen in die Zeit, als ich ungefähr die Zahlen 4 bis 10 meines Lebensalters zu durchleben hatte. An die Jahre davor kann ich mich gar nicht mehr erinnern. Vielleicht ist das ja auch normal so. Und wenn nicht, müssen es wohl so gute Zeiten gewesen sein, dass es in dieser Lebensphase keine Kratzer und Risse an meiner Seele gegeben hat. Wenn ich mich aber an die nächsten Jahre noch sehr genau erinnere, dann wohl deshalb, weil da mit Einem und an Einem etwas geschehen ist, was Spuren hinterlassen hat. Noch einmal ehrlich gemeint, mit der Hand auf dem Herzen, es ist nichts Menschenbewegendes, Sensationelles, was ich jetzt berichte, sondern vielleicht nur der ganz normale Alltag der fünfziger Jahre. Wer also mit den Normalitäten der damaligen Zeit nicht zufrieden ist, wird das folgende als Schwachsinn empfinden. Für den Fall würde ich das Buch an dieser Stelle zuschlagen und wieder ins Regal stellen oder sogar... aber das kann ich ja jedem selbst überlassen. Jedenfalls hatten wir auch damals Nachbarn.

Zuerst sollen wir in einer einfachen Scheune oder Ähnlichem gewohnt haben. Notuntergebracht! Nach dem Kriege nichts Besonderes. Ob es gut oder schlecht war, warm oder kalt, hygienisch oder unhygienisch, entzieht sich meiner Kenntnis. Ich weiß wohl, wo das Haus war und was da heute drinnen ist, und dass in diesem Haus früher einmal viele Kuhfelle lagen, die stanken und unheimlich viele Fliegen anzogen. Aber ob ich auf Stroh oder schon unter Federn geschlafen habe, kann ich heute nicht mehr sagen. Meine Erinnerung beginnt erst nach unserem ersten Umzug aus dieser so genannten Notunterkunft in ein richtiges Haus mit einer richtigen Wohnung.

In diesem Haus lebten, wenn ich mich nicht täusche, drei Partien. Mein Bruder, der ja, wie schon erwähnt, sieben Jahre älter ist, oder meine Schwester, die immerhin vierzehn Jahre älter ist, würden das noch genau wissen. Aber wichtig ist es ja auch nicht. Auf einen mehr oder weniger kommt es doch nicht an. Wir wohnten jedenfalls in der ersten Etage, eine alte, abgenutzte Holztreppe hinauf. Rechts war ein langer Flur zur Straße hin, am Ende des Flurs wohnten wir, ich meine, rechter Hand. Gegenüber eine Familie mit einem Mädchen und einem Jungen. Ob der eigentlich noch mit im Hause wohnte, weiß ich auch nicht mehr. Um so genauer weiß ich, dass eine Tochter da war. Genauso alt wie ich. Von ihr erzähle ich noch.

Vor uns, also mehr zum Hof hin, ebenfalls rechter Hand, wohnte eine Hexe. Ja, eine richtige Hexe. Jedenfalls ist das meine Version einer Personenbeschreibung, wie ich sie bis heute vor mir sehe. Eigentlich war sie lieb, glaube ich. Aber eben nur eigentlich. Getan hat sie mir wohl nichts, und trotzdem war sie grausam wie eine richtige Hexe. Sie sah genauso aus, wie Hexen aussehen, genauso, wie die bei Hänsel und Gretel und genauso wie die im Kasperletheater. Klein, hässlich und mit einem Buckel. Natürlich lief sie auch am Stock, wie alle Hexen am Stock laufen. Nur statt einer schwarzen Krähe auf der Schulter verfügte sie über einen grünen Papagei, der allerdings war in seinem Käfig eingesperrt . Wir sollten freundlich „Tante" zu ihr sagen, hatten uns die Eltern befohlen, obwohl mir das „Tante" immer wieder schwer aus dem Kehlkopf kam. Ich war auch öfter bei ihr in der Wohnung, das weiß ich wohl. Vielleicht sogar gerne? Man vergisst ja soviel.

Aber meistens habe ich vor ihr Angst gehabt. Richtige Angst. Ob das nun am Märchen lag oder an Kasper oder doch an unserer Hexe, kann ich heute nicht mehr genau sagen. Kann auch sein, dass meine Mutter nur damit gedroht hat, dass, wenn ich nicht artig wäre, sie, von nebenan, kommen würde. Damals war ja, aus heutiger Sicht, noch alles in der Kindererziehung möglich. Jedenfalls gönne ich keinem eine Begegnung mit ihr. Wenn sie die Treppen herunterging, während wir gerade hoch wollten, machten wir aber Platz, das war sicher. Es hieß dann nur noch: Rechts ran und Bauch einziehen.

Kam sie über den Hof und wollte zum Stall, der sich hinter dem Haus befand, machten wir die Tür auf und nickten freundlich. Ihre Stimme war so widerlich krächzend, so hoch und hart, dass man sich jedes Mal erschrecken konnte, wenn sie sprach. Und dann war da noch ihre Krücke. Konnte doch sein, dass nicht viel fehlen würde, und der knorrige Ast würde einem ins Gesicht fliegen. Tagsüber ging ja noch alles, da konnte man ja noch weglaufen oder rechtzeitig verschwinden. War man gerade die knarrende Treppe zehn Stufen hoch gelaufen und sie kam einem entgegen, sprang man sie mit einem Satz wieder hinunter, nur weg. Nachts aber, da schlief ich mit ihr Bett an Bett – nur durch eine acht oder zehn Zentimeter dicke Wand voneinander getrennt. Da würde der Stock auch durchkommen. Ja, sogar ihr Finger würde da durchkommen, denn sie hatte genauso einen knorrigen, krummen Finger wie ihre Schwester oder Mutter im Märchen. Solange meine Eltern im Haus waren, war alles gut. Und wenn sie weg waren, war jedenfalls immer noch mein Bruder da. Ein Glück, dass Mutter ihm befohlen hatte, auf mich Kleinen aufzupassen. Ein Glück. Er hatte auch keine Angst vor dem Unhold in schwarzen Frauenkleidern – aber er war ja auch schon groß. Was ich ihm nur übelnahm, war, dass er, wie meine

Mutter, immer mit der Hexe drohte, wenn ich nicht nach seinen Anweisungen parierte. Wenn ich mich dann, was blieb mir bei meiner Angst auch anderes übrig, still und ruhig in mein Kinderbett zurück zog, lachte er – wie meine Mutter. In den Unterhaltungen meiner Mutter mit jener Hexe sprach sie nie davon, dass ich Angst vor ihr hätte; sie nannte es Respekt. Bei dem Wort Respekt verzog sich die Stirn der Hexe und sie lachte und lachte. Krächzend lachte sie wie die von Hänsel und Gretel, als Hänsel im Backofen steckte und gebraten werden sollte. Als ich dann noch irgendwann erfuhr, dass unsere Hexe Wahrsagerin war, war das Grauen perfekt. Jedenfalls habe ich mich riesig gefreut, dass wir hier irgendwann wieder weggezogen sind.

Die Hexe war aber nicht der einzige Grund meiner Freude in Bezug auf unseren Wegzug. Im Nachbarhaus wohnte auch noch eine merkwürdige Familie. Der Mann arbeitete am Deich, die Frau war Hausfrau. Alle Frauen waren damals Hausfrauen. Meine Mutter auch. Dieser unser Nachbar sah auch tatsächlich aus wie einer, der am Deich arbeitet: Kräftig, klobig und matschig. Er fuhr immer auf einem blauen Moped. Dabei fiel mir auf, dass er für dieses kleine Zweirad viel zu dick, oder freundlich ausgedrückt, zu groß war. Es war ja, wenn er darauf saß, fast nichts anderes mehr zu sehen. Keine Lenkstange, keine Pedale. Nur das Blau des selbst angemalten Tanks schimmerte neben der schlickgrauen Hose durch. Was mich auch immer fürchterlich genervt hat, er fuhr, wenn er abends von der Arbeit kam, direkt bis vors Haus. Am liebsten wäre er noch die Treppen hinaufgefahren, aber er wohnte ja Parterre. So stellte er seine Maschine immer direkt am Treppenaufgang zum Hauseingang ab. Und wehe, wir kamen auch nur in die Nähe seines Schlittens, dann war die Hölle los. Als wenn wir das Ding klauen wollten. Er schrie, als wenn er am Deich stünde und gegen den Wind zu brüllen hätte.

Seine Frau war lieb – aber hässlich. Alle Frauen waren damals lieb, aber hässlich. Meine Mutter auch. Die dicken Nachkriegsbäuche verdeckten die mit kleinen Mustern karierten Kittelschürzen. Die halblangen, oft zerrissenen Seidenstrümpfe mit dem engen Gummizug oder die selbst gestrickten Wollsocken hingen immer am unteren Schenkel oder sogar nur um das Wadenbein gekräuselt. Und die Haare – immer grau, immer fettig. Aber das Schlimmste bei dieser Nachbarin war das Gesicht. Nein, entstellt war sie nicht, aber die dicke Unterlippe hing fast bis auf den Brustkorb. Dahinter die gelben Zähne, darüber die breite Knollennase. In deren Wohnung hab ich mich nie hineingetraut. Ich habe sie immer nur vor dem Haus, im Hof oder im Stall getroffen. Da traf man jeden. Mein Vater hatte dort seinen Brutkasten für seine Hühner. Und alle hatten dort ihre Briketts, ihr Holz, ihre Kartoffeln und ihren Unrat. Obwohl, eigentlich war der Stall gar nicht so uninteressant, jedenfalls für uns Kinder, denn über dem ganzen Sammelsurium lag noch, auf einem Boden wie auf einer Tenne, Heu. Da haben wir Kinder uns aufgehalten, am liebsten abends, wenn es total dunkel war. Dass ich einmal die blöde steile Bodentreppe hinuntergefallen bin und mir ein unheimliches Horn holte, gehört nicht zu meinen schlimmsten Kindheitserinnerungen.

Aber noch einmal zu den lieben, netten Nachbarn, die Hanne Haller besingt. Ich muss noch etwas mehr über diese merkwürdigen Nachbarn erzählen. Waren die beiden Erwachsenen schon ein Bild des Schreckens, wurden sie noch bei weitem von ihrem eigenen Sohn übertroffen. Er war einige Jahre älter als ich und ein Kloß von einem Menschen. Ich war ja schon nicht dünn. Anders ausgedrückt, ich war ja schon dick, aber der erst! Eigentlich wäre das ja nicht schlimm gewesen, wenn er dabei nicht so eklig zu uns Kindern gewesen wäre. Ganz davon abgesehen, dass wir nie mit ihm oder in seiner Nähe spielen durften, hatte er auch sonst noch so seine Macken. Heute würde ich ihn als Mafioso bezeichnen. Seine Markenzeichen: Ein Fettbauch wie ein wabbelnder Wassersack, stets offener Hosenstall, triefende Specknase, fettiges Klebehaar und das breite widerliche Grinsen. Beim Grinsen war sein Mund genau so breit wie sein Gesicht und das sah aus wie ein platt gewalzter Pfannkuchen. Grips hatte er nicht viel – Zähne noch weniger. Er hatte es immer und immer wieder auf mich abgesehen. Mal zerbrach er meine Stöcke, die ich mir mühsam geschnitzt hatte. Ein anderes Mal versteckte er meine Blechdosen, die ich mir zusammengesammelt hatte. Dann riss er an meinem Pullover oder verschmorte ihn mit seinem stinkenden Benzinfeuerzeug. Oder er kippte die Milch aus, die vor unserem Haus stand, und behauptete, ich sei das gewesen. Da war aber noch etwas, was mich fürchterlich verletzt hat. Er verlieh mir vor allen meinen Freunden einen Spitznamen, der mich fortan begleiten sollte: „Porky".

Ja, ich war dick. Und klein. Aber ein Schwein war ich nicht. Auch kein süßes, niedliches. Auch keines, über das man doch nur fröhlich lachen konnte. Er war ein Schwein. Ein Vielfraß. Ein richtig fetter Kloß. Er wog schon damals zwei Zentner oder mehr. Jedenfalls sah er so aus. Und ausgerechnet dieser Fiesling, dieser Kotzbrocken, nannte mich „Porky". Von nun an wohnte kein Junge mehr in unserem Haus, der meinen Namen trug. Als wenn ich über Nacht gestorben wäre. Von nun an lebte ein neuer Mieter bei uns, nämlich „Porky". Meinen Eltern schien dieser Spitzname, oder besser Witzname, auch relativ gut zu gefallen, weil sie ihn auch, zwar nicht allzu oft, aber doch hin und wieder, benutzten. Alle anderen im Haus nannten mich hinfort nur noch so. Wäre diese Demütigung, wie ich sie erst später empfunden habe, nur im Haus geblieben, wäre ja alles überschaubar und erträglich gewesen, aber, wie es dann so ist, ab sofort wurde ich für alle „Porky". Für den Bäcker, den Gemüsemann, den Elektrofritzen und für alle unsere weiteren Nachbarn auch. Selbstverständlich auch für alle Jungen und Mädchen in unserer Umgebung, von wenigen Ausnahmen abgesehen. Eine dieser Ausnahmen war meine kleine Freundin, das Mädchen von gegenüber.

So lief ich nun wie eine Comicfigur durch mein Leben. Ich sah auch keine Möglichkeit, mich gegen die Masse zur Wehr zu setzen. Und was ich bald zu lernen hatte: „Porky" ist doch ein niedlicher, netter, gut gemeinter Spitzname. Fast so etwas wie ein liebenswerter Kosename. Da muss man doch nicht traurig sein. Das ist doch nichts Schlimmes. Fehlte nur noch, dass sie nach meiner Steckdosenschnauze oder meinem Ringelschwänzchen gefragt hätten. Muss ich noch erwähnen, das sich „Porky" mehr als mein richtiger Name durchgesetzt hat? Noch heute vermute ich, man hat nicht nur den merkwürdigen Namen benutzt, sondern hat dabei auch immer ein besonderes Bild vor Augen gehabt. Ein niedliches kleines Schweinchen. Denn der im freundlichen

Ton ansteigende Klang und das Grinsen auf den Gesichtern verrieten mir die Witzigkeit meines Spitznamens und die gedankliche Verbindung zu meinem Aussehen. Am lautesten aber ist mir das Lachen des Fettwamses in Erinnerung. Er hatte es geschafft, alle meine Freunde auf seine Seite zu ziehen. Von nun an gingen die meisten mit ihm. Ich habe ihn von da an, bis in die spätere Zeit hinein, regelrecht gehasst, und nur mein Erwachsenwerden und die damit verbundene Vernunft sowie eine räumliche Trennung führten letztlich zu einer Haltung, dass er mir doch völlig egal wurde. Seitdem sind ja nun auch schon viele Jahre ins Land gegangen, in denen wir uns nur flüchtig auf der Straße gesehen haben. Angegiftet haben wir uns nie wieder, schon deswegen nicht, weil wir nie ein Wort miteinander geredet haben. Wir sind uns wohl völlig Luft geworden. Soweit ich ihn mit meinen flüchtigen Gedanken noch begleitet habe, ist mir bekannt, dass er Kneipenwirt geworden ist. Mit der Wut von damals im Bauch meine ich auch, dass er da am besten hin passt: Fressen und saufen. Neulich las ich in einer Todesanzeige in der hiesigen Zeitung, dass seine Frau mit knapp unter fünfzig Jahren verstorben ist. Da hat er mir sogar ein wenig Leid getan.

Jedenfalls war ich froh, als unsere Eltern uns eines Tages verrieten und ankündigten, dass wir dieses so „ehrenwerte Haus", wie es in einem Schlager heißt, verlassen durften. Wir zogen um – weg von diesem schmierigen, grausamen Volk. Endlich weg. Weit weg!

Ein wenig zuckte ich schon zusammen, als ich erfuhr, dass unsere neue Bleibe in der gleichen Straße lag. Nur acht Häuser die Straße weiter hinunter. Die gleiche Straßenseite, die gleiche Umgebung. Aber immerhin weg. Meine Hoffnung war es, dass in dieser „neuen Umgebung" sicherlich alles anders werden würde.

Frohgemut, ja fast überschwänglich, half ich als kleiner Steppke meinen Eltern beim Umzug. Immer noch in der gleichen braunen Trainingshose und dem gleichen grünen selbst gestrickten Pullover. Mittlerweile allerdings mit kräftigen Verbrennungsspuren am rechten Ärmel.

Stolz trug ich, was ich tragen konnte. Die Nachttischschubladen, Blumentöpfe, die Fußmatte, eine Stehlampe, den Vogelkäfig unseres Wellensittichs, ein paar Bücher, die Waschschüssel und immer wieder über den Arm gelegte Wäschestücke. Es waren ja nur ein paar Meter. Immer hin und her. Jedesmal, wenn ich an meinen jetzt bald ehemaligen Nachbarn vorbeikam, grinste ich. Nur ein-, zweimal noch – und dann bin ich weg.

Unser neues Heim lag in der zweiten Etage. Dieses Mal waren es mehr als doppelt so viele Stufen, die es zu erklimmen galt. Aber lieber das, als immer diese Gesichter, dieses Gelächter.

Jetzt hatten wir auch viel mehr Platz: Ein Wohnzimmer, ein Schlafzimmer, eine Küche, eine Abstellkammer und, was besonders wichtig war, ein eigenes Kinderzimmer. Nein, natürlich nicht für mich alleine, aber für mich und meinen Bruder. In der Küche ein altes gusseisernes Waschbecken und ein alter Kohleofen. Alles andere haben wir mitgebracht.

Mein Vater hat in dieser Wohnung viel geleistet. Alle Wände wurden gegen die herabtriefende Feuchtigkeit isoliert, und er baute eine Ofen-Sitzecke aus Holzbrettern und Dachlatten, die er sogar selber mit Sitzflächen versah, die unter einem dicken, strapazierfähigen Stoff mit Spiralfedern versehen waren. Besser hätte es ein richtiger Sattler oder Polsterer auch nicht gemacht. Er strich sämtliche Fenster, und der Fußboden, aus Holzbrettern oder -planken bestehend, wurde in stundenlanger Arbeit mit einem handgroßen Scheuerschwamm aus Stahlwolle abgescheuert. Das alte, sich über Jahre angesammelte Bohnerwachs der Vorgänger sollte herunter gescheuert werden.

Das bedeutete für uns alle: Auf die Knie, Stahlwollschwamm in die Hand und los – scheuern. Ein ähnliches Bild habe ich das nächste Mal erst „beim Bund" gesehen, wo statt der Bretter mit Stahlwolle die Fliesen der Duschräume mit Grüner Seife und Bürsten poliert wurden.

In dem Abstellraum hatte Vater seine Hobelbank aufgebaut, die er aus dem Krieg gerettet und mitgenommen hatte. Vorne an der Stirnseite des Raumes wurde das Plumpsklo installiert. Ein einfacher Holzkasten mit einer pogroßen Öffnung nach oben. Darüber ein Deckel, darunter ein Blecheimer. An der Wand ein eingehauener Baunagel, und darauf aufgespießt Zeitungs- und Illustriertenpapier. Toilettenpapier! Um einmal den Unterschied zu heute zu kennzeichnen: Es war einlagig, quadratisch, von Hand gerissen, zweiseitig bedruckt, und nicht gerippt, sondern glatt.

Jetzt kam mir meine Kindheit einmal wirklich zu Gute. Galt es doch, den Toiletteneimer Tag für Tag zu „entsorgen", was neben meinem Vater ausschließlich meinem Bruder oblag, weil der ja schon richtig groß war. Ich habe ihn um diese Aufgabe nie beneidet. Gemeinsam mussten wir unsere Notdurft dann als Dünger in unserem Kleingarten verteilen, was bei uns beiden oft Ekel hervorrief. Aber schließlich hatten wir ja nur deshalb so gutes und großes Gemüse, wie unser Vater uns überzeugend erklärte.

Später, als wir fließend Wasser bekamen, wurde das Plumpsklo durch ein WC heutiger Art ersetzt. Die Hobelbank verschwand, und an gleicher Stelle baute Vater eine Badewanne ein. Der Fußboden bestand in allen Nassräumen aus welligem, geflicktem Stragula. Das Schlafzimmer war normal. Das beste war unser Kinderzimmer. Ein echtes Jugendzimmer. Ein kleiner, ein Meter breiter Schrank und eine Ausziehcouch, das war's. Den Rest der ca. acht Quadratmeter hatten wir zum Spielen. Ich habe unsere neue Wohnung geliebt. Keine hässlichen Nachbarn, kein Hohn und kein Spott. Hatte ich zuerst noch gedacht, mein „Porky"-Titel hätte sich bis hierhin herumgesprochen, war es, was das anging, still.

Hinter dem Haus war ein kleiner, wild wuchernder Garten mit einem großen, dicken Birnbaum in der Mitte. Rechts eine Mauer als Abgrenzung zu unserem Nachbarn, einem Getränkegroßhändler. Links zuerst eine Waschküche, dahinter ein Stall, dann ein Abstellraum. Alle Räume hatten damals eine große Bedeutung. In der Waschküche wurde, wen wundert's, gewaschen. Immer abwechselnd, eine Woche wir, die andere Woche die Partie, die unter uns wohnte. Wenn einmal keine Wäsche anlag, diente der Raum zum Entsaften oder Einkochen.

Besonders in den Wintertagen bot sich der überdimensionale Waschtrog aus Emaille an, um Grünkohl darin zu kochen. Den hatten wir handwagenweise aus dem Kleingarten meines Vaters geholt, und Mutter hat ihn nach „Hausfrauen Art" gerupft, gewaschen, gekocht und in Blechdosen eingemacht. Wir Kinder hatten unsere Freude daran, die Blechdosen zum Verschließen zu einem Klempner zu fahren. Nicht so viel Freude hatten wir daran, sie anschließend wieder die zweieinhalb Treppen nach oben zu tragen.

Der kleine Stall gehörte nur uns. Uns ganz alleine. Mein Vater hatte die zwei mal zwei Meter aufgeteilt in zweieinhalb Parzellen. Rechts, der größte Platz, war für die Eier- oder Steinkohlen, die wir für unseren Kohleofen, der einzigen Heizquelle, brauchten. Daneben, halb so groß, der Platz für die Briketts. Davor, gleich hinter der schiefen, nicht zu schließenden Brettertür, lag das Holz. In der Mitte ein alter Hauklotz, ein Stückchen eines dicken Baumstamms, und mitten hineingeschlagen die Axt.

Diesen Raum sollten wir noch so richtig kennen lernen, mein Bruder und ich. Kohlen schleppen – Briketts aufstapeln – Holz hacken. Jeden Tag galt es mindestens einmal, meistens zweimal, eimerweise Eierkohlen oder Steinkohlen nach oben zu transportieren. Ich habe meistens nur einen geschafft, und selbst diesen musste ich ab und zu auf der Treppe noch abstellen, so schwer war er. Da lag mir das Holz schon besser. Nur die Treppen waren immer die gleichen. Ich habe sie einmal gezählt, es waren 26 Stufen. Nie gezählt habe ich, wie viele Treppenstufen ich in meinem Leben wohl gelaufen bin. Alles musste entweder rauf oder runter getragen werden.

Vor dem Kohlenstall stand unser Kaninchenstall. Wir hatten mal mehr, mal weniger Tiere. Eines gehörte mir ganz alleine. Das bedeutete aber auch, viel Futter zu suchen. Löwenzahn. Jeden Nachmittag ging mindestens eine Stunde dafür verloren, auch bei bestem Sommerwetter. Oft habe ich die Futtersuche in den Frühabend hineinverlegt, um jedenfalls etwas spielen zu können. Wenn aber die Tiere bis 8 Uhr abends nicht versorgt waren, gab es ein Donnerwetter. Es hat des öfteren gedonnert.

Kurz vor Weihnachten war der Stall plötzlich immer leer, unsere Kaninchen hingen dann „ausgezogen" an der Dachrinne des Kohlenstalles.

Neben dem Stall noch ein Abstellraum. Hier stand früher das einzige Plumpsklo für das ganze Haus. Damals ging man noch in den Garten zu jenem denkwürdigen Raum. Wie hatten wir es doch gut in unseren Kindertagen, wir hatten immerhin schon ein eigenes. Dieser Raum sollte noch einmal zu einer „lachhaften" Bedeutung kommen, aber darüber später mehr.

Nun ist es an der Zeit, noch einmal über Nachbarn zu sprechen. Mit uns im gleichen Haus wohnte eine Familie, mit der wir, wie schon erwähnt, eine ganze Zeit lang den Fernseher teilten. Sie wohnte unter uns und war schon da, als wir einzogen. Der Mann hatte im Erdgeschoss einen Tante-Emma-Laden. Kaffee in Holzschubladen, Gurken und Heringe im Fass, Bonbons in Gläsern. Mehl, Sago, Gries: alles in Schubladen oder in Jutesäcken. Die ganze Einrichtung aus Holz. Gut war, dass ich fast jedesmal ins Bonbonglas greifen durfte, wenn ich am Laden vorbeikam. Für mich war auch noch gut, dass er sich für Fußball interessierte. So ließ ich mich oft zu Fernsehübertragungen einladen, und wenn er es einmal vergessen hatte, erinnerte ich ihn daran, dass abends Fußball sei. Es hat fast immer geklappt. Dann hockte ich im Schneidersitz dicht vor dem Bildschirm und war glücklich. Manchmal habe ich während des Spiels wohl in einer Tour geschnattert, so dass er mich manchmal ermahnen musste, den Mund zu halten, sonst müsse ich nach oben gehen. Ich sagte den ganzen Abend keinen Ton mehr. Um mein Schweigen doch einmal unterbrechen zu können, ging ich in der Halbzeitpause nach oben zu meinen Eltern, da habe ich dann wieder gesprochen.

Seine Frau war Hausfrau. Sie war lieb und auch nicht hässlich. Auch meine Mutter ist in dieser neuen Wohnung viel schöner geworden. Ab und zu aber hat sich meine zwischenmenschliche Schiene zur Nachbarin verbogen. Zuerst immer dann, wenn ich in der Mittagsstunde, zwischen ein und drei Uhr, im Garten spielte, wie Kinder nun einmal so sind. Solange ich still im Gras saß, war Friede angesagt, aber wehe, ich spielte mit meinem Ball. Ich hatte doch noch keine Freunde hier und war auch als Kind meines Alters alleine im Haus. Also warf ich meinen Ball immer an die Wand und fing ihn wieder auf. Es war wohl die Vorstufe des heutigen Squash, allerdings ohne Schläger. Das dumpfe Bumm-Bumm muss sie wohl genervt haben, jedenfalls, und das war nicht selten, bewegte sich der Vorhang an ihrem Küchenfenster, ein blonder Lockenkopf war zu sehen, und schon erklang das fast schon bekannte Gezeter, wie in alten Zeiten. Verschwinden solle ich und Ruhe halten. Zum Strand solle ich gehen oder Schularbeiten machen. Und außerdem hätte ich sowieso im Hof nichts zu suchen. Ich würde nur das ganze Obst und Gemüse zertreten. An sonstigen Meckereien habe ich das an den Kopf geworfen bekommen, was zu dieser Zeit wohl üblich war, Kindern an den Kopf zu werfen.

Aber es soll doch noch einmal über das Auslachen gesprochen werden, dem roten Faden meiner Kindheit. So nach dem ersten halben Jahr in der neuen Umgebung wohnend, war es still geworden um „Porky", und mein eigentlicher Name schimmerte schon wieder durch. Auch meine Eltern haben den Begriff für mich nie wieder verwendet. Wer nun allerdings meint, mein Durchbruch zur Ernsthaftigkeit sei geschehen, den muss ich enttäuschen. Es war ja alles wieder so liebevoll gemeint.

Die Frau, die unter uns wohnte, bei der ich inzwischen ein und ausging wie zu Hause, hatte mich wohl, so meine ich jedenfalls, ein wenig lieb gewonnen. Ihre eigenen Kinder waren auch schon größer und gingen bald, oder waren schon, aus dem Haus. So blieb es nicht aus, dass ich oftmals auch außerhalb der Fernsehzeiten bei ihr hinein schaute. An den Tagen, wo bei uns nach der Schulzeit keiner zu Hause war, durfte ich schon bei ihr mit meinen Hausaufgaben beginnen. Das hatte den wesentlichen Vorteil, dass ich den ganzen Nachmittag frei hatte, wenn mich meine Eltern nicht für irgendeine andere Freizeitbeschäftigung einsetzten. Denn Kinder konnte man schon damals überall einsetzen. Hilfsarbeiter in Vaters Betrieb. Briketts aufstapeln. Holz hacken. Kaninchenstall ausmisten. Im Kleingarten Johannisbeeren, Stachelbeeren, Erdbeeren pflücken, Kartoffeln jäten, häufeln oder sammeln und tausend andere Gartenarbeiten. Oder zuhause den verwilderten Hofgarten sauber halten. Nebenbei galt es noch, Fahrräder und Schuhe zu putzen.

Und wenn gar nichts zu tun war im Augenblick, dann galt es, sich jedenfalls bereit zu halten für eventuelle Notfälle und unvorhersehbare Vorkommnisse. Also jene Frau aus dem Untergeschoss, die auf der einen Seite so krähen konnte, fing an mich zu betätscheln, zu verwöhnen und zu streicheln. Mal über den Kopf, mal über die Schultern. Ich habe mich gefreut, neben meiner Elternliebe nun noch einen Menschen zu haben, der mich richtig mochte. Das Gemeckere um die Mittagsruhe war auch bald vergessen.

Eines Tages war es dann soweit. Es begann der eigentliche Akt der Liebe. Nicht so, wie jeder jetzt denkt. Niemand in unserem Haus war unsittlich oder sexistisch. Sie nahm mich nur wie eine gute Mutter oder Oma in den Arm, drückte mich an sich und behauptete liebevoll: „Du bist und bleibst doch unser Moppel!"

„Moppel". Das war's. So ein liebes Wort, so eine liebe Geste, so eine Aufwertung, so etwas Schönes. Von nun an war ich nicht mehr „Porky", sondern „Moppel". Welch ein gewaltiger Unterschied. Moppel hier und Moppel da, Moppel kam und Moppel ging. Moppel sollte etwas tun oder Moppel sollte etwas lassen. Moppel war artig oder Moppel war böse. Moppel, Moppel, Moppel. Und wenn man es dann noch besonders gut mit mir meinte, kam noch das bübchenhafte, süßliche „chen" hintendran. Dann stieg ich auf, vom Moppel zum Moppelchen.

Es ist doch klar, dass auch „Moppel" seine Runden machte. Wieder war ich scheinbar namenlos. An den Namen „Moppel" hätte ich mich vielleicht ja noch gewöhnen können, denn es ist doch eigentlich unwichtig, ob man so oder so heißt, aber an das Lachen? „Ha, ha – du bist aber auch ein richtiger kleiner Moppel. Ha, ha – du siehst aber auch aus wie ein richtiger kleiner Moppel. Nein, so ein kleiner frecher Moppel". Mal ein fröhlicher, mal ein lieber, mal ein schöner, immer so, wie es mein Gegenüber gerade brauchte.

Dieser „Moppel" hat mich, ich glaube, bis zu meiner Konfirmation begleitet. Ja, es gab „Moppel" sogar im Anzug. Noch später, als ich schon nicht mehr in diesem Hause wohnte und schon bei meinen Eltern ausgezogen war, holte mich meine Vergangenheit manchmal wieder ein. „Was aus ‚Moppel' so geworden ist", stellte man erstaunt fest. „Und nun hat unser kleiner ‚Moppel' sogar schon geheiratet." Ich weiß auch nicht, was meine Aufregung soll. Manche wären froh, wenn sie so geliebt worden wären und solch ein Zuhause oder solche Nachbarn gehabt hätten. Stimmt!

Nicht für die Schule lernen wir

Die Schulzeit ist bei uns allen bekanntlich die Zeit zwischen dem 6. und den nächsten Lebensjahren. Wir sind also zeitlich gesehen immer noch bei den gleichen Jahreszahlen meines Lebens. Ich war noch nicht viel größer geworden, nicht wesentlich gewachsen. Das sollte sich in meiner Schulzeit nicht nur noch oft zeigen, sondern auch negativ auswirken. Ungerne erwähne ich noch einmal, dass mich mein Spitzname „Moppel" bis in die Schule begleitet hat. Es war aber auch ein niedliches Bild, als ich mit den anderen Küken aus unserer kleinen Stadt, im Alter von sieben Jahren, in die Grundschule eingeschult wurde.

Das Foto von meiner Einschulung, das heute in der Wohnung meiner Tochter hängt, ist werbeträchtig. Mit so einem Bild, so denke ich manchmal, könnte man heute bestimmt Geld verdienen. Man könnte es als Nostalgieposter oder als antike Postkarte verkaufen. Und dabei ist es nicht besser und nicht schlechter als tausend andere Kinderfotos aus dieser Zeit, die irgendwo in den alten Zigarrenkästen liegen und bis heute das Licht der Welt nie wieder erblickt haben.

Vielleicht hängen ja auch viele solcher Fotos an den Wänden vieler Töchter oder Söhne. Wir selbst, meine Frau und ich, hatten auch einmal solch eine Museumswand in unserem Haus. Sie war reichlich geschmückt mit Bildern aller unserer Vorfahren. Seitens meiner Frau und meiner eigenen Familie. Da hingen also Generationen von Müttern, Vätern, Großeltern, Urgroßeltern und jede Menge anderer Verwandte. Alleine meine Mutter hatte dreizehn Geschwister. Da kann man sich ja vorstellen, dass wir eigentlich gar keine Tapete gebraucht hätten, denn davon war sowieso nichts zu sehen. Es war aber auch zu schön anzusehen, wie die Damen, fotogen herausgeputzt, dastanden wie die immergrünen, nie verwelkenden Bäume am Strom des Lebens. Kerzengerade, strahlend und eigentlich nicht zu unterscheiden von den heutigen Modells. Es hat wohl doch Zeiten gegeben, wo alle Frauen schön waren. Jedenfalls wesentlich schöner als unsere Nachbarin mit ihrer Hängelippe. Die Kleider, die Kragen, die Gewänder und die Schuhe, alles prangte und protzte. Und die Gesichter. So puppig, so glatt und so jungmädchenhaft. Die meisten Frauen sahen so schlank und graziös aus, gerade so wie die Filmschauspieler. Ich erinnere mich noch daran, dass ich die gleichen Bilder, die wir nach dem Tod unserer Eltern geerbt haben, schon einmal im Kreise der Familie betrachtet hatte. „Das ist deine Tante und das ist Papas Kriegskamerad. Das Knäuel auf dem Arm ist dein ältester Bruder. Du warst zu diesem Zeitpunkt noch gar nicht geboren."

Aber ich habe damals auch andere Fotos gesehen. Es waren noch die alten mit den gezackten Rändern und dem gelbbraunen Bildmaterial. Passend dazu waren die Fotos auch nicht schwarzweiß, wie zu unserer Kindheit, sondern sepia. Ich habe später spaßeshalber oft bemerkt, dass diese Bilder, so braun wie die waren, gut in die damalige Zeit hinein passten. Männer habe ich auf den Fotos immer nur in Wehrmachtskleidung gesehen. Mal in Kampfanzügen, mal in Arbeitskleidung. Die Aufnahmen in Sonntags- oder Ausgehuniformen waren alle vergrößert worden auf Postkartenformat. Ob das Format der abgebildeten Menschen ebenso groß war wie das Bildformat, habe ich mich oft gefragt, aber ich wollte auch keinem zu nahe treten, denn schließlich gab es solche Bilder auch von meinem Vater und meinem ältesten Bruder.

Mein Einschulungsfoto zeigte mich so wie ich war: Klein, wirklich pummelig und meisterhaft gekämmt. Wie aus dem Ei gepellt. War ja auch ein großer Tag in meinem Leben. Mein erster großer Tag. Kindergarten, Hort oder andere Aufbewahrungsstätten gab es nicht, und so kamen wir von der Straße oder dem Hinterhof direkt in die Schule.

Auch mein Foto wurde auf Postkartenformat vergrößert und dazu bestimmt, noch zehn mal nachgemacht zu werden, für alle Tanten, für alle Onkel und für alle meine Geschwister. Falls damals so etwas überhaupt möglich war. Ich weiß es nicht. Ich war ja schließlich nicht der Fotograf, sondern nur das Objekt.

An diesem Tag jedenfalls hatte ich meine braune Trainingshose und auch meinen grünen Wollpullover nicht an. Wird wohl außer nachts das erste Mal gewesen sein, dass ich diesen Klamotten entgehen konnte. Das Bild jedenfalls ist ein eindeutiger Beweis für meine stoffliche Veränderung. Es zeigt mich eindeutig in einer schwarzen Leinenhose, einer Art Jeans oder Nachkriegs-Jeans der Firma Bleyle. Darüber ein Pullover, der wohl aus verschiedenen

Wollresten entstanden sein mag. Er war jedenfalls bunt und hatte ein Querstreifenmuster. Gelb, Rot, Grün, Blau und dann wieder dieselben Farben, von oben nach unten. Ich fand ihn echt toll und viel schöner als das ewige Grün. Nun war ich jedenfalls in meiner sonst so trostlosen Umgebung eine wahre Farbenpracht. Dass diese herrlichen, sonnenfrischen Farben auf dem alten Foto überhaupt nicht zur Geltung kommen, habe ich oft bedauert. Es wäre vielleicht der rechte Farbklecks meiner Kindheit gewesen.

Was natürlich auch noch erwähnt werden muss, ist meine 1a Frisur. Sie muss mir oder meinen Eltern so gut gefallen haben, dass ich sie hinfort ständig trug. Wahrscheinlich, bis ich 21 war. Denn erst nach seiner Volljährigkeit durfte man machen, was man wollte, man durfte sich dann sogar anders kämmen. Den Scheitel trug ich links. Er war messerscharf und linear gezogen. Wer nicht wusste, dass er mit einem Kamm entstanden war, hätte glatt auf eine Axt oder ein Beil getippt. Der linke Teil der Haare kurz, so etwa fünf bis acht Zentimeter lang; die anderen Haare länger und stramm nach rechts gekämmt. Und dann hatte ich noch etwas, was nicht viele in dieser ersten Klasse hatten – ich hatte eine Haarklammer. Diese Haarklammer war eine super Erfindung. Mit ihr konnte man sich die Fingernägel sauber machen, die Zähne frei kratzen oder, mit der Öse am Ende, die Ohren vom Ohrenschmalz befreien. Alles habe ich mit ihr gemacht. Manchmal sogar während der Schulstunde.

Die meiste Zeit allerdings zierte sie mein knabenhaftes Haupthaar. Sie wurde von meiner Mutter persönlich so haarscharf über der Kopfhaut in die Haarpracht geschoben, als wenn die jeweilige Befestigung für Ewigkeiten halten sollte. Ein letztes Streicheln über die Klammer gab uns beiden die Gewissheit – die hält. Was hätte denn auch wirklich viel passieren sollen? Wäre, mal die schlechteste Möglichkeit angenommen, die Haarklammer doch herausgefallen, hätte sich auch kein Häärlein geregt, denn das viertel Pfund „Wellaform" sorgte sowieso für Halt und Glanz. Und das jeden Tag. Wobei doch eine tägliche Kopfwäsche, wie heute, damals nicht nur unüblich, sondern auch nicht möglich war. So glänzend wie mein Haar war dann auch das Foto geworden.

Das größte, was auf dem Bild zu sehen ist, bin aber eigentlich gar nicht ich, sondern meine Schultüte. Da haben sich meine Eltern aber ins Zeug geworfen. Man könnte auf Anhieb denken, die wollten alles, was sie mir eventuell angetan haben, mit der Schultüte wieder zurecht biegen. Meine kleinen Arme kamen fast nicht um das Pappmonstrum herum. Was die Schultüte mit mir gemeinsam hatte, war der Glanz. Lackpapier, Goldspitze, Silber- und Goldstaub. Dazu ein knallrotes Flanelltuch zum Verschließen am oberen Ende. Wenn meine Schulzeit nur halb so gut verlaufen wäre, wie meine Schultüte aussah – ich hätte eine brillante Entwicklung genommen.

Bei allem Stolz für meine Tüte habe ich doch wahrgenommen, dass mich wieder viele Lacher begleiteten. Man merkte sehr schnell, dass diese Tüte in der Größe XXXXXL für mich und meine Höhenzentimeter eine Nummer zu groß war. Als die Tüte die Schulklasse betrat, entdeckte man mich auch irgendwann am unteren Ende. „Unser Moppel mit einer solch großen Tüte." Na denn. Leider ist es mit meinen Mitküken nie zu einem Tütenwettstreit gekommen, ich hätte sie alle um Nasenlängen geschlagen.

Und der Inhalt der Tüte? Ich weiß von nichts mehr. Vielleicht ist mein viereckiger Griffelkasten aus Holz darin gewesen. Der war echt toll. Wenn man die bunten, bebilderten Schiebedeckel öffnete, lagen in zwei Rillen, sorgfältig sortiert, vier Griffel. Zwei dicke und zwei dünne. Die Schiefertafel kann ja nicht in der Tüte gewesen sein, denn dazu war sie zu groß. Ja, und mehr hatte ich nicht. Obst und Süßigkeiten dürften auch nicht darin gewesen sein.

Die Einschulung begann mit einem Gottesdienst. Als ich die übergroße Tüte aus den Händen legte, war ich sogar wieder zu sehen. Nun war es wieder mein Pullover, der den Leuten gefiel Jedenfalls wurde er bei der Vorstellung unserer Namen direkt erwähnt.

Was mir auffiel und mich zum Nachdenken brachte, war, dass ich plötzlich kein „Moppel" mehr war, sondern wieder einen richtigen Vornamen hatte. Ich war richtig unsicher, ob das nun eine Verbesserung oder eine Verschlechterung war. Ich hatte mich doch so daran gewöhnt.

Meine kleine Freundin wurde auch mit eingeschult. Die sah gut aus. Und sie war *meine* Freundin. Sie sah aus wie ein Strich in der Landschaft, aber wer tat das zu dieser Zeit nicht? Ich verrate nicht zuviel, wenn ich behaupte, dass sich da bei ihr bis heute viel verändert hat. Sie war strohblond, so blond, wie eigentlich nur die Friesenkinder sein sollen, aber sie war keines, jedenfalls kein echtes. Ihr Engelhaar war lang und zu zwei Zöpfen zusammengebunden. Mensch, war die schön. Bei der Verteilung der Plätze wollte ich unbedingt neben ihr sitzen. Ich konnte zu dieser Zeit nicht klären, ob sie mich mit gleichen Augen gesehen hat, denn schließlich hatte ich ja auch schöne Haare – und so glatte. Nur eines war total schade: Ich war ungefähr zehn Zentimeter kleiner als sie.

Nachdem alle Namen genannt waren, sollten wir erzählen, welcher Konfession wir angehörten. Fast alle waren evangelisch. Zwei waren katholisch. Ich kam aus einer fast unbekannten, kleinen, christlichen Gemeinschaft, deren Name allen so fremd erschien. Ohne dass jemand von meinen Mitschülern wusste, was sich dahinter verbarg, ging ein Raunen durch den Raum. Aber es waren nicht die Kinder, die da schmunzelten. Es waren die Großen. Wer weiß, was die gedacht haben. Meine Zugehörigkeit zu einer anderen Kirche hat mir noch das eine und andere Mal in den späteren Klassen das Leben schwer gemacht.

Wir bekamen, Gott sei Dank, die beste Lehrerin der Welt. Mir schien sie damals schon älter als meine Mutter zu sein, was sich aber später als ein Irrtum herausstellte. Unsere Lehrerin nahm uns an die Hand und brachte uns in unseren ersten Klassenraum. Von nun an war das unsere Klasse und unsere Klassenlehrerin.

Jeden Morgen begannen wir mit Gebet. Na, das war ja was für mich. Das kannte ich von zu Hause. Also Hände falten und beten. Meistens sprach die Lehrerin. Aber eines Tages fragte sie uns, ob auch von uns einmal jemand beten wolle. Ja, ich wollte. Wie gewohnt sprach ich mein Gebet frei, ehrlich und herzlich. Während es sonst während der Gebetszeit immer ruhig und friedlich war, erhob sich bei meinem Beten ein prustendes Gelächter. Mein Gebet stockte. Ich erschrak so sehr, dass meine Augen weit offen standen. Ein paarmal musste ich kräftig schlucken und dachte, ich hätte etwas ganz Schlimmes oder zumindest sehr Lustiges gemacht. Das Lachen der anderen war so fröhlich, dass mancher sich krümmte, beide Hände vor den Mund hielt, und trotzdem sein Prusten noch zu hören war. Schnell huschten auch ein paar Köpfe zusammen, und ein leises Getuschel begann. Mein Kopf war purpurrot. Ich merkte es selber an meiner Körpertemperatur. Völlig fassungslos stand ich da. Wie ein Mensch auf einem großen leeren Platz, so kam ich mir vor.

Als ich später einmal mit meiner Frau in Rom auf dem fast leeren Petersplatz stand, habe ich wieder an diesen Augenblick und an mein Gebet gedacht. Oder besser gesagt an das herzzerreißende Lachen dieses Augenblicks.

Tränen standen mir in den Augen. Nie zuvor hatte einer über mich beim Beten gelacht. Und das, obwohl wir jeden Sonntag in die Kirche gingen. Unsere Kirche allerdings war ein Schulraum. Gleich neben unserer Klasse. Wir saßen da immer mit einer Hand voll Leuten im Gottesdienst. Wir beteten, wir sangen und ein Harmonium spielte. Alles war während des Betens und des Predigens still und andächtig. Gelacht hat hier niemand. Oder wenn, dann erst beim Verabschieden auf dem Flur oder auf dem Schulhof. Außerdem hatten wir in unserer Kirchengemeinde auch jeden Sonnabend Kindergottesdienst, oder Sonntagschule, wie es später genannt wurde. Aber gelacht hat von unseren Kinder nie eines beim Beten.

Die einzige Rettung und mein wirklicher Trost war meine Lehrerin. Sie begriff die Situation bald. Für mich schien es eine Ewigkeit zu sein, aber es waren wohl nur ein paar Sekunden; höchstens eine Minute. Sie verbat sich das Gelächter und wollte so etwas nie wieder erleben. Aber auch bei dieser Ermahnung wurde noch gegrinst. Richtig zu lachen wagte nun keiner mehr, das hätte wohl auch eine Strafarbeit nach sich gezogen. So kehrte langsam wieder Ruhe und Frieden ein und wir durften uns alle setzen. Unsere Lehrerin nahm mich in den Arm und drückte mich an sich. Das tat gut. Die letzten Tränen wurden vom Wollärmel aufgesogen. Es war der gleiche Ärmel, der auch immer für die triefende Nase hinhalten musste. Ein Taschentuch hatte ich selten dabei. Nie wieder habe ich vor meiner Klasse gebetet. Nie wieder! Wie sich noch herausstellte, sollte ich nicht das einzige Opfer meiner Klassenkameraden sein. Beten gab es nun nicht mehr in unserer Klasse. Das lag eigentlich nicht vorrangig an dem erwähnten Zwischenfall, sondern eher daran, dass wir älter geworden waren. Wir waren jetzt schon in der zweiten Klasse. Der Unterricht begann, wie in allen anderen Klassen auch, mit einem freundlichen „Guten Morgen, Kinder" unserer Lehrerin, den wir dann im Chor sprechend genauso fröhlich erwiderten. „Bitte Platz nehmen und die Bücher raus", dann lesen, rechnen, schreiben oder malen. Oft wurde uns auch zu Beginn des Unterrichtes eine Geschichte vorgelesen. Hin- und wieder haben wir in der Turnhalle Filme gesehen oder der Verkehrskasper kam. Wenn jemand in der Klasse Geburtstag hatte, spielten wir „Teekesselchen". Zu dieser Zeit hat mir die Schule richtig Spaß gemacht.

Aber ich wollte ja noch von dem Tag erzählen, wo ein anderer das Opfer des Gelächters unserer Klasse wurde – nämlich unsere Lehrerin selber. Aber sie war es nicht allein. Ein bisschen hing ich auch wieder mit drin. Dieses Mal war ich nicht der Hauptakteur, jedenfalls nicht am Anfang. Dass das alles noch anders werden sollte, ahnte ich jetzt noch nicht.

Es muss ein Tag gewesen sein, der von seiner Entstehung her eine besondere Bedeutung gehabt haben muss. Es war aber kein Feiertag, denn dann hätten wir ja frei gehabt. Vielleicht komme ich bei genauerer Überlegung noch darauf, was es für ein Tag war.

Unsere Lehrerin kam jedenfalls wie immer in den Klassenraum. Ein Schüler stand an der Tür und kündigte durch einen warnenden Ruf an, wann die Lehrerin den Flur betrat und in Richtung auf unsere Klasse zulief. „Sie kommt" dröhnte es durch den Raum, und wir nahmen unsere Positionen ein. „Guten Morgen, Kinder" war wieder der alltägliche Morgengruß. Die Hände an die Hosennaht gelegt, das Kinn leicht nach oben gestreckt, die Augen weit geöffnet, bewegten sich zweiundvierzig Münder zur gleichen Zeit, um das „Guten Morgen" kraftvoll zu erwidern.

„Heute wollen wir uns nicht gleich setzen", lautete die nächste Anweisung, die an unser Ohr drang. „Heute machen wir es einmal anders". Sie erzählte uns etwas vom Krieg oder vom gewesenen Krieg, erwähnte das Wort „Soldaten" und „Gefallene" und erklärte uns, dass wir nun diesen tapferen Männern zur Ehre ein Lied singen wollten. Wir würden es alle kennen.

Was mich gerade jetzt in diesem Augenblick wundert: Wir haben es gekannt. Jedenfalls die meisten. Aber woher? Haben wir es im Musikunterricht in der Schule gelernt? Kannten wir es von zu Hause? Jungvolk und Mädchenbund oder ähnliche politische Vereinigungen gab es doch nicht mehr. Wieso kannten wir dieses Lied? Ich kannte es auch.

Nun gut, im Augenblick kann ich nicht klären, woher – also weiter. Unsere Lehrerin schob sich in Positur, drückte ihr Kreuz durch, streckte die gut proportionierte Brust nach vorne und gab uns den Titel des Liedes bekannt: „Ich hatt' einen Kameraden". Dann gab sie uns noch den Ton, oder besser gesagt, einen Ton an, und der Gesang begann. Sie übertönte uns alle um einiges. Als Erwachsene konnte sie sicherlich am besten Stimme halten. Jedenfalls ihre Stimme. Und den Text konnte sie natürlich auch perfekt auswendig, während wir hier und da stockten. Es war ein schönes Lied, es ging mir so recht zu Herzen. Es berichtete von einem Soldaten, der einen Kameraden hatte. Einen echten Kameraden, der immer mit ihm im gleichen Schritt und Tritt ging. In der letzten Strophe hieß es dann, dass er von einer Kugel getroffen worden ist und nun nicht mehr neben ihm ging. Sie hatte ihn dahingerafft. Eine große Lücke war entstanden und nun hatte der eine Kamerad keinen anderen Kameraden mehr. Wir wussten im Einzelnen gar nicht, was das direkt zu bedeuten hatte. Krieg kannten wir nicht, und Soldaten gab es nur auf Fotos, und Kugeln haben wir auch keine gesehen. Mir hat dieses Lied aber trotzdem gut gefallen. Es war so traurig. Und die Melodie war so schön. Ich sang wie ein Wiener Sängerknabe oder ein Solist vom Tölzer Knabenchor. Meine Stimme war rein und ungebrochen, mein Gesichtsausdruck war friedlich und mitfühlend. Doch bevor das Lied beendet werden konnte, brach unsere Lehrerin plötzlich und jäh in Tränen aus. Ja, sie brüllte fast wie ein kleines Kind, dem man die Puppe weggenommen hat, oder hässlicher ausgedrückt, wie ein Schwein am Spieß. Sie schluchzte so Herz zerreißend, als wenn sie gerade den Krieg verloren hätte. Sie zerfloss förmlich und kriegte sich überhaupt nicht wieder ein.

Alles hörte auf zu singen. Doch trotz zu erwartender, andächtiger Stille durchbrach ein lachendes Gekeife unseren gemeinsamen Gesang. Hahaha, hihi... Mit Fingern zeigten alle auf uns, auf sie und auf mich. Fassungslos und starr standen wir beide augenblicklich wie versteinert in unserer Klasse. Die anderen schaukelten sich wieder hin und her und konnten sich vor Lachen nicht mehr halten. Unsere Lehrerin verließ den Klassenraum. Ich blieb. Was sollte ich auch machen, ich wusste, wie damals beim Beten, wieder nicht, wie mir geschah.

Der weitere Unterricht dieser Stunde fiel aus. Statt dessen kam der Direktor selbst und verpasste uns Stillbeschäftigung. Danach ging es in die Pause. Während die einen ratlos danach forschten, was denn nun eigentlich passiert sei, lachten die anderen auf dem Schulhof weiter. Manche kleine Schülerhand zeigte auf mich, und ein immer noch oder wieder schallendes Lachen traf mich, wie einen richtigen Künstler der Applaus.

Der folgende Unterricht fand wieder statt. Wir rechneten alle mit einem Klassentadel, aber es ging so gesehen alles gut. Der Unterricht wurde fortgesetzt, ganz normal, so, als sei nichts geschehen. Unsere Lehrerin kehrte in unsere Klasse zurück. Man sah immer noch, wie sie dieses Geschehen mitgenommen hatte. Sie zitterte am ganzen Körper, die Augen noch tief rot umrandet und feucht, die Haare etwas zerzaust. Sie rang sichtlich nach Fassung, als sie an den „Tatort" zurückkehrte. Bevor wir uns nun wieder auf unseren eigentlichen Stoff stürzten, wir hatten in dieser Stunde Heimatkunde, gab sie eine Erklärung ab.

Sie begann mit einer persönlichen Entschuldigung ihrerseits. Sie hatte das Lied so sehr ergriffen und in der Seele getroffen, weil sie selber einen nahen Verwandten hatte, der im Krieg gefallen war. Das war tragisch. Nun verstanden wir alle die ausgefallene Situation etwas besser. Die Gesichter bei allen wurden ernst, die Köpfe senkten sich – wir alle schämten uns. Das hatten wir ja nicht gewusst. Aber ich bin nicht sicher, ob, wenn wir es gewusst hätten, das ganze anders verlaufen wäre. Jedenfalls war nun alles geklärt. Wir wollten so etwas nicht wieder machen.

Eines ist aber an mir hängen geblieben. Es hat lange bei mir gedauert, bis ich wieder einmal so hell und glockenrein gesungen habe. Selbst im Musikunterricht, wo wir um unserer Schulnote willen vorsingen mussten, hatte ich keinen Mut mehr. Erst später, auf unseren Klassenfahrten, habe ich wieder kräftig mitgesungen. Und wie! Wir hatten ein kleines Liederbuch, „Die Mundorgel". Diese Lieder haben mir unheimlich Spaß gemacht. Ob es die Bergvagabunden waren, die die steilen Gipfel erklommen, oder ob es die Wildgänse waren, die durch die Nacht rauschten, mir haben alle Lieder gut gefallen. Ein Lied erzählte von einem kleinen Jungen, der auf der Brücke stand und in ein Boot gespuckt hatte. Die Spucke hat sich dann gefreut, dass sie Kahn fahren konnte. Oft saßen wir mit diesem kleinen Liederbuch später auch am Lagerfeuer und sangen die heutigen Oldies und die nie vergessenen Volkslieder: „Kein schöner Land in dieser Zeit", „Hohe Tannen weisen die Sterne", „Guter Mond, du gehst so stille" oder „Nun ruhen alle Wälder".

Noch heute wird mir etwas melancholisch und warm ums Herz, wenn ich diese Lieder höre. Und wenn es dann wieder November wird und der Volkstrauertag sich naht, zieht ab und zu Schwermut in meine Seele. Nicht nur wegen des oft so trüben Wetters, des Sturmes oder des Regens, sondern auch, weil meine Gedanken wieder in meine Kindheit zurückgehen. Und immer dann besonders, wenn vor dem Ehrenmal auf unserem Friedhof sich der Männerchor oder ein Bläserensemble versammelt, um das alte Lied zu spielen: Das Lied vom Kameraden. Dann sehe ich sie wieder vor mir, meine Lehrerin, wie sie um ihren Verwandten geweint hat und wie die Banausen uns auslachten. Ein wenig stolz bin ich heute schon darauf, dass ich mitgesungen habe, glockenrein und ungebrochen. Ich würde es jederzeit wieder machen. Das Lachen allerdings, das freche Gegriene, ist bis heute aus meiner Erinnerung nicht verschwunden. Und immer wenn ich sehe, dass jemand lacht, wenn ein anderer singt oder zu singen versucht, tut es mir in der Seele leid.

Jetzt möchte ich von einer Zeit erzählen, in der ich schon zu den „Großen" gehörte. Nicht zu den Großen dieser Welt, von denen man in Büchern nachlesen kann, oder von denen es

Denkmale oder Gedenktafeln gibt, aber einer von den Großen auf unserer Schule.

Es gab da so ein ungeschriebenes Gesetz bei uns. Jeder kannte es und jeder hielt sich daran. Das „Gesetz" regelte die Rangfolge der Klassen, ihrer Schüler und deren Gewichtung. Es unterschied zwischen den Kleinen, den Großen und den richtigen Schülern. Auch optisch war dieser Unterschied sichtbar. Nicht nur an den verschiedenen Größen der Schüler oder an ihrer Kleidung war es abzulesen. Die Feststellung, wer zu welcher Kategorie gehörte, war viel einfacher zu sehen, nämlich an unserem Schulgebäude.

Unsere Schule war ein Backsteinhaus, das für unseren kleinen Ort schon gewaltige Ausmaße annahm. Wie alle Schulen damals war sie einfach und praktisch gebaut, rechteckig wie eine Zigarrenschachtel. Alle Wände hatten das gleiche Aussehen, ohne Verzierung, ohne Stuck, ohne irgendein bauliches Element. Die Fenster, wie Perlen auf eine Schnur aufgezogen, verteilten sich gleichmäßig über die ganze Fassade. Von der Straße aus gesehen sah man also einen rotbraunen Block, der an den Fensterreihen deutlich erkennen ließ, dass er über zwei Stockwerke ging, und dazu passend war auch die Klassifikation der „Insassen". Im Erdgeschoss die untere Reihe, über die volle Breite immerhin zwölf Fenster nebeneinander, das waren die Kleinen. Vier Klassen – erstes bis viertes Schuljahr. Die Reihe darüber sah genauso aus, auch wieder vier Klassen nebeneinander, fünfte bis achte, das waren die Großen. Und im zweiten Stock, also ganz oben, und das ist wichtig zu erwähnen, die „richtigen Schüler". Die neunte Klasse a und b und die zehnte a und b. In einem weiteren Anbau das Lehrerzimmer, das des Direktors, die Dunkelkammer für die Foto-AG und ein Sanitätsraum.

Wer also seine ganze Kindheit in unserem Ort erlebte, und das war lange nicht immer der Fall, denn viele zogen aus wirtschaftlichen Gründen in größere Städte, und alle Klassenstufen durchlief, also von der ersten bis zur zehnten (Mittlere Reife), der hatte auch das ganze Schulgebäude von unten bis oben durchlaufen. Und was dabei sehr wichtig war, man arbeitete sich in der Tat hoch. Vom Erdgeschoss bis zum zweiten Stock. Es war schon ein erhebendes Gefühl, als ich nach der vierten Klasse zum ersten

Mal berechtigt in der Schule Treppen steigen durfte. Denn meine nächste Klasse lag ja einen Stock höher.

Oft haben wir Großen dann am Treppengeländer nach unten geguckt und gesehen, welch ein „Gemüse" sich da so bewegte. Neidvoll allerdings ließen wir jene passieren, die an uns vorbei ganz nach oben gingen. Zu diesen „richtigen Schülern" hatte man während der normalen Schulzeit wenig Kontakt. Sie waren es auch, die immer murrten, wenn sie mit uns Großen oder gar den Kleinen zusammen in der Turnhalle Filme ansehen mussten. Oft gab es da Reibereien beim Stühle aufstellen. Die „richtigen Schüler" waren immer sehr eingebildet und überheblich. Dabei ging völlig unter, dass es uns in der Mitte mit den Kleinen unten im Erdgeschoss genauso erging.

Ich war also nun in der Mitte des Schulgebäudes angekommen. Ein paar von uns waren zwischenzeitlich sitzen geblieben, ein paar verzogen und ein paar neue Schüler aus den Nachbardörfern hinzugekommen. So wechselte unsere Klassengemeinschaft bis dahin ein paar Mal. Der harte Kern jedoch blieb zusammen, jedenfalls so lange, bis wir uns entscheiden mussten, ob wir auf das Gymnasium oder auf die Realschule gehen oder auf der Volksschule bleiben wollten. Diese Entscheidung fiel nach der vierten Klasse.

Wir hatten also nun die erste Klasse in der mittleren Etage bezogen und waren die Großen. Es war für diese Klassen erstmals angedacht, einen Klassensprecher zu wählen. Da ich doch schon immer „berühmt" werden wollte, sah ich hier einen guten Ansatz. Vielleicht die Chance meines Lebens. Ein Klassensprecher sollte alle Belange der Klasse sammeln und sie dem Lehrer vortragen. Er hatte auch die Berechtigung, täglich ins Lehrerzimmer zu gehen, um dort mit dem Klassenlehrer unter vier Augen zu sprechen. Wenn es notwendig war, hatte er auch das Recht, bis zum Direktor vorzudringen. Alleine das war schon ein erstrebenswertes Ziel. Den Direktor kannte ich nur vom Sehen und von den wenigen Begegnungen auf dem Flur, dem Schulhof oder eben, damals in unserer Klasse, als sich die Geschichte mit dem „Kameraden" ereignet hatte. Aber viel wichtiger als der Direktor war sein Direktorenzimmer. Ich selbst war bis dahin nie darin gewesen. Nur wenn es einmal offen stand, konnte man im Vorbeigehen einen Blick hinein werfen. Mahagoni-Schreibtisch, schwarzer Ledersessel, Teppichboden, Gardinen, eine große Palme in der Ecke und – ein Telefon. Ein richtiges Telefon. Die Farbe war schwarz. Auf dem Mahagoni-Schreibtisch ein Tintenfass mit einer langen Feder, Papier und eine Ledermappe. Dem Zimmer vorgeschaltet ein Sekretariat mit einer richtigen Sekretärin.

Ein kleines Schild an der Tür zum Direktor war mir aufgefallen. Es war so groß wie eine Postkarte und aus Plastik und Glas. Dahinter, und so etwas hatte ich noch nie gesehen, eine Leuchtschrift. Sie leuchtete nicht immer, aber immer wenn jemand an die Tür klopfte, erschien auf dem grauen Display in roter Leuchtschrift das Wort: „Herein". Faszinierend. Kein Rufen. Einfach: Herein. Es war wohl dieses Schild, das mich schon als Kleinen aus dem Erdgeschoss begeistert hatte. Und nun war die Gelegenheit gekommen, dass eventuell ich einmal vor dieser Tür stehen durfte. Es würde die Leuchtschrift mit dem Wort „Herein" erscheinen, und ich würde eintreten; ich, mittlerweile ein Großer aus dem 1. Stock. Dass man in unserer heutigen Zeit diesen Traum noch verstehen kann, glaube ich kaum, aber zu meiner Zeit, damals, öffneten sich mir Zugänge zu Menschen und Chancen, von denen ich eben so träumte. Es sei hier schon verraten, ich wurde zwar Klassensprecher, aber durch die Tür bin ich nie hindurchgeschritten.

Nun war ich also Klassensprecher. Aber so einfach, wie sich das hier anhört, war es nicht. Es ging dieser für mich wichtigen Entscheidung ein echter, harter Wahlkampf voran.

Wir hatten inzwischen einen neuen Klassenlehrer erhalten, dieses Mal einen Mann. Um seine Herkunft rankten sich merkwürdige Geschichten, die sich unsere Eltern und die Lehrer erzählten. Uns Kindern war es egal. Er soll aus dem Osten gekommen sein. Als wenn es nicht wurscht ist, ob jemand aus dem Osten, aus dem Norden, aus dem Westen oder aus dem Süden kommt. Er jedenfalls kam aus dem Osten.

Er war im Gegensatz zu unserer Klassenlehrerin jünger als meine Mutter und erst recht als mein Vater. Er war noch sehr jung. Oder vielleicht waren auch meine Eltern nur schon alt, denn schließlich bin ich ja als viertes und letztes Kind unserer Familie auf die Welt gekommen. Meine Mutter war bei meiner Geburt immerhin schon vierzig, mein Vater dreiundvierzig Jahre alt. Rechnet man jetzt weiter, dass ich mit sieben zur Schule gekommen bin, und nun in der 5. Klasse war, müssen meine Eltern also schon über fünfzig Jahre alt gewesen sein. Na, da war es ja kein Wunder, dass unser Klassenlehrer wesentlich jünger war als sie. Unser Neuer, der aus dem Osten, war genau 32 Jahre alt, ich weiß es hundertprozentig.

Sein erster Schultag in unserer Klasse und an unserer Schule war genau sein 32. Geburtstag.

Irgendjemand von uns Großen hatte es durch Zufall ein paar Tage vorher erfahren.

Als er an jenem Februartag in die Klasse trat, schossen ihm die Tränen in die Augen. Wir hatten unser ganzes Klassenzimmer festlich geschmückt. An alle möglichen Gegenstände des Raumes hatten wir Luftballons gehängt. Die großen, unförmigen, von der Decke herabhängenden Lampen zierten Luftschlangen – die Reste von Silvester. Das Schönste aber war die Wandtafel. Mit dem Gesamtbestand unserer Farbkreide hatten wir einen riesigen Lorbeerkranz an die Tafel gezaubert. In herrlichstem, kräftigstem Grün strahlte er unserem Neuen entgegen. Links und rechts blaue Perlblumen, rote Tulpen und weiße Schneeglöckchen - so groß, wie die Tafel hoch war. Die Tulpen hatte ich gemalt. Die anderen Blumen hatten alle unsere Mädchen gemalt. Den Jungen war es sowieso alles peinlich. Ich glaube, von ihnen hatte sich auch keiner an der Malerei beteiligt.

In der Mitte des Lorbeerkranzes stand in großen Zahlen das zu feiernde Alter. Eine Drei und eine Zwei - Zweiunddreißig. Auf dem Pult standen ein paar Negerküsse, heute Schokoküsse, und eine Tüte mit Bonbon. Meine Mutter hatte mir einen Topfkuchen gebacken und mitgegeben; in der Mitte brannte eine blaue Kerze.

„Ja, Herr Lehrer, so sind wir" – strahlte es uns aus den Augen. Vergessen das Gebete, das Gesinge. Wir konnten auch nett sein. Wir spielten den ganzen Tag „Teekesselchen". Jedesmal, wenn einer die Lösung gefunden hatte, bekam er einen Negerkuss. So im Nachschauen betrachtet, war dieser Tag einer der schönsten in meiner Schulzeit.

Zu dem neuen Lehrer, der nun für weitere zwei Jahre unser Klassenlehrer blieb, hatte ich einen besonderen Draht, obwohl er der war, der mich am Tag der Beerdigung unseres Priesters nachsitzen lassen wollte. Wir haben uns in den zwei Jahren, und darüber hinaus, gut verstanden. Er hat viel für mich getan und war mir ein väterlicher Freund. Die Klassenfahrten mit ihm waren für uns alle unvergessliche Erlebnisse.

Er war es auch, der uns nun das erste Mal damit konfrontierte, dass jede Klasse einen Klassensprecher brauche. Und immer, wenn es zwischen Lehrer und Schüler Differenzen geben würde, sollte dieser vermitteln. Alles, was die Schüler im einzelnen oder die Klasse insgesamt an Sorgen oder Beschwerden hätte, sollte dieser dem Lehrer, oder in Ausnahmen sogar dem Direktor, mitteilen. Außerdem durfte der Klassensprecher während der Pause im Klassenraum bleiben. Alle anderen mussten in jeder Pause auf den Schulhof. Da waren doch offensichtlich alle Vorteile eines Schülerlebens in einem Amt vereinigt. Kontaktperson, Streitschlichter, Vermittler, Koordinator, und in der Pause nicht raus müssen. Ganz zu schweigen von dem Schild an der Tür des Direktors: „Herein".

Ja, das wollte ich werden. Auf solchen Tag hatte ich schon gewartet. Endlich einmal konnte man eine wichtige und anerkannte Person werden. Das würde dann auch endgültig das Ende aller Porky- und Moppelzeiten sein. Als Klassensprecher war Bewunderung angesagt. Anerkennung, Lob und Ehre. Als Klassensprecher hatte man Kontakt mit dem Lehrer, mit dem Direktor – mit Menschen also, die über einem standen. Nie wieder würde jemand über mich lachen, denn dann hätte ich das Sagen. Ich wäre jemand, zu dem man aufschaut, den man verehrt, der Chef der Klasse. Rangfolgemäßig gleich unter dem Lehrer, aber über allen anderen. Und bei der zweimal im Jahr stattfindenden Klassensprecher-Konferenz saß man sogar mit den „richtigen Schülern" von oben an einem Tisch. Das war der Durchbruch. Ade, Good bye, Auf Wiedersehen, ihr schlechten Zeiten. Das Leben fing an.

Eine Hürde galt es zunächst noch zu nehmen. Die Wahl. Ich hätte nicht gedacht, dass außer mir noch vier meiner Mitschüler, drei Jungen und ein Mädchen, Interesse an dieser Aufgabe gehabt hätten. Meine Siegesaussichten sanken schlagartig, als deutlich wurde, wer sich zur Wahl aufstellen ließ. Die drei Jungen saßen ganz weit vorne, direkt vor dem Lehrerpult. So hatte der Lehrer sie immer genau vor Augen. Er konnte sie gar nicht übersehen. Das lag aber nicht nur an der Nähe, sondern auch an ihrer Größe. Wenn wir nebeneinander standen, reichte ich ihnen gerade bis an ihre Schulter. Man konnte das ganz genau messen. Es gab um keinen Zentimeter eine Auseinandersetzung, denn mein Haar war immer noch so glatt wie eh und je. Und die Haarklammer saß auch noch. Also mit Fönwelle oder Toupieren war nichts. Ich war eindeutig kleiner. Wesentlich kleiner. Und dann war da ja auch noch das Mädchen. Sie war in unserer Klasse von Anfang an dabei. Die Klassenbeste. All die Jahre. Von der Figur her war sie mir ähnlich, auch klein und mollig. Aber schlau. Wir waren von der ersten bis zu letzten Klasse zusammen, und genau in dieser Zeit war sie auch unsere Klassenbeste. Ihre Zeugnisse sahen immer gleich aus. Alles Einser, bis auf Sport, da hatte sie immer eine Vier, obwohl, sie war noch viel schlechter. Das lag aber zum großen Teil an ihrem Gewicht. Auch ich konnte davon ein Lied singen, denn ich hatte auch immer eine Vier in Sport. Diese war allerdings bei mir nicht die einzige. Aber über meine sportlichen Kapriolen möchte ich später berichten.

Zurück zu unserer Klassenbesten. War doch klar, dass unser neuer Klassenlehrer sie mochte. Das ist nun mal so bei den Besten. Die mag man.

Es kam also zu einer harten Wahl. Die einen waren groß, blond und stark, die andere war schlau und beliebt. Welche Qualitäten hatte ich denn? Mit groß, stark und blond konnte ich nicht dienen und meine Schläue hielt sich in Grenzen. Was nun? Bis heute weiß ich nicht, wie und womit ich die Wahl gewonnen habe. Aber ich habe gewonnen! Von nun an war ich Klassensprecher unserer Klasse. Jawohl! Ich muss meinen „politischen" Gegnern noch Respekt zollen, denn sie haben sich mir gegenüber sehr fair verhalten. Die großen Blonden und die kleine Dicke, die Schlaue.

Jedenfalls am Anfang unserer neuen Schulzeit. Einiges sollte sich hier aber auch noch ändern. Eines vorweg. Mit dem Mädchen bin ich nie in Konflikt gekommen. Mit ihr hatte ich zu keiner Zeit Schwierigkeiten, wir haben uns immer gut verstanden, bis heute. Wir feiern mit unserer Abschlussklasse alle fünf Jahre ein Wiedersehen in Form eines Klassentreffens. Als wir uns vor ein paar Tagen, 35 Jahre nach Schulentlassung, wieder gesehen haben, war sie natürlich auch wieder dabei. Auch die Jungen, die großen Blonden, sind immer noch mit von der Partie.

Jetzt war ich Klassensprecher. Und das war gut so. Ich habe meine Aufgabe nach bestem Wissen und Gewissen erfüllt. Aber ich bekam doch noch zu spüren, dass dieser Job nicht ohne Schwierigkeiten und Anfeindungen sein sollte. So ein paar Tage aus dieser Zeit sind noch in meinem Gedächtnis hängen geblieben. Tage, die eigentlich immer nach dem gleichen Muster abliefen. Tage, die es in sich hatten. Es waren Tage, an denen ich doch nichts zu sagen hatte in der Klasse, wie sich herausstellte.

Einen solchen Tag möchte ich hier kurz schildern. Er begann wie alle anderen: Aufstehen, frühstücken und dann zur Schule. Als Klassensprecher aber war für mich auf einmal alles ganz anders als sonst. Ich durfte bestimmen, wer an der Tür stehen durfte oder sollte und wer Tafeldienst hatte. Ich durfte bestimmen, wer die Blumen auf der Fensterbank zu gießen hatte und wer den Papierkorb zu leeren hatte. Ich durfte bestimmen, wer Landkartendienst hatte. Ich durfte noch dieses und jenes andere bestimmen oder alles auch selber machen. Ich trug aber auch die Verantwortung für den Klassenfrieden.

Mit anderen Worten, ich hatte dafür zu sorgen, dass es in der Klasse ruhig und friedlich zuging. Draußen durfte man sich, übertrieben gesagt, die „Köppe" einschlagen, aber in den Klassenräumen und auf dem Schulhof herrschte Frieden. Das jedenfalls war die Vorgabe, die wir Klassensprecher der verschiedenen Jahrgänge zu erfüllen hatten. Eigentlich war diese Aufgabe auch hochinteressant. Man war dafür zuständig, dass der eine seinen Mund hielt, und ein anderer sich auf seinen Stuhl setzte. So hatte man also manchmal alle Hände voll zu tun, dass bei Unterrichtsbeginn jeder auf seinem Platz saß und still war. So liebten es die

Lehrer. Unser auch. Also fehlte es auch meinerseits nie an den notwendigen Aufforderungen und Ermahnungen.

Es gab aber Tage, und die waren nicht selten, da konnte ich mich gegen die Meute unserer Klassengemeinschaft nicht durchsetzen. Nur zum besseren Verständnis: Ich war klein, dick und stets gut gekämmt. Über die Hälfte der Klasse war inzwischen gegen mich. Ob persönlich oder gegen mich als Klassensprecher, war bald nicht mehr zu trennen. Der Kampf wurde härter. Wusste ich schon nicht, was ich bei der Wahl zu diesem Amt an Begabungen oder Kräfte eingesetzt hatte, war es mir jetzt noch schleierhafter, was man hätte tun können, um Freund und Feind in der Klasse zusammen zu bringen. Bei näherem Hinschauen wurde deutlich, dass das Verhältnis zwischen Freund und Feind eindeutig zu Gunsten der Feinde ausschlug, denn ich sah mich sehr schnell einer breiten Front von Gegnern gegenüber. Es war nicht schwer herauszufinden, was hierfür die Ursache war. Sie lag wohl eindeutig in meinem Verhalten. Wieso? Nach Rücksprache mit unserem Lehrer waren wir übereingekommen, jene Störenfriede herauszufinden, die die Klassengemeinschaft störten. Das war eigentlich ganz einfach. Nur die Namen jener Schüler sollte ich rechts oben auf die Wandtafel schreiben, die meinen Anordnungen nicht Folge leisten würden. Gesagt – getan. Ab sofort gab es nur noch eine, höchstens zwei Ermahnungen. Wer dann nicht parierte, fand sich in weißen Kreidebuchstaben auf der grünen Wandtafel rechts oben in der Ecke wieder. Erst stand nur ein Name da. Dann zwei. Dann drei. Kaum hatte ich sie aufgeschrieben, gab es Terror. „Sofort löschen, sonst knallt es!", hallte es durch den Raum. Diese Drohungen wurden so laut und so überzeugend herausgebrüllt, dass ich an deren Ernsthaftigkeit nicht zweifelte.

Um an die obere Ecke der Tafel heranzukommen, hatte ich mir einen Stuhl genommen, ihn vor die Wandtafel geschoben und mich darauf gestellt. Während ich mich noch umsah, wer mich da so bedrohend anfahren würde, zerrten schon die ersten an meinem Stuhl. Es dauerte nur noch ein paar Sekunden und ich stürzte mit meinem ganzen Gewicht zu Boden. Die Kreide hielt ich immer noch fest in meiner Hand. Als ich ängstlich aufblickte, sah ich eine Gruppe versammelter Gesichter über mir, die hämisch lachten. Ich erkannte die Großen, Blonden aus der ersten Reihe, verstärkt durch die, die links und rechts von ihnen saßen. Es kam mir alles vor wie in einer Horrorszene. Es ist ein grausamer Anblick, wenn man so von ganz unten hinaufsieht, und nichts anderes erblickt als lachende Visagen. Es sah aus dieser Froschperspektive auch alles ganz verzerrt aus. Die Münder so feucht und breit, die Augen so stechend und flackernd. Die Nasenlöcher wirkten auf mich wie große Rattenlöcher. Die Haare bewegten sich wie fliegende Holzwolle im Wind. Alle vier oder sechs Köpfe bildeten einen fast geschlossenen Kreis über mir. Kopf an Kopf. Nur unterbrochen von ein paar wutentbrannt schwingenden Fäusten. Da lag er nun vor ihnen, besser gesagt, unter ihnen, da, wo er ihrer Meinung nach hingehörte, ihr Klassensprecher, ganz, ganz unten. Ich denke, mich wird auch noch so mancher Fußtritt getroffen haben, so wie die gekocht haben.

Der rettende Augenblick nahte. Unser Lehrer kam in die Klasse. Er stob mitten in diesen Schlägerkreis hinein wie ein Ringrichter in einem richtigen Boxkampf und gebot diesem „Affentheater", wie er es nannte, Einhalt. Langsam, zäh und zähneknirschend gingen alle Recken wieder auf ihre Plätze. Er half mir von der Erde auf, klopfte den Staub von meinem Pullover und meiner Hose und erkundigte sich nach eventuellen Verletzungen, Schmerzen oder Blessuren. Alles war gut gegangen. Als auch ich meinen Stuhl erreicht hatte, drehten sich manche nach mir um. Die Gesichter waren immer noch die gleichen, nur die Hände lagen flüchtig gefaltet auf dem Tisch. Ruhe kehrte ein.

Ich hatte meinen hoffnungsvollen Gedanken noch nicht zu Ende gedacht, als ich die an mich gerichtete Frage wahrnahm, was die Namen an der Tafel rechts oben zu bedeuten hätten. Jetzt konnte ich ihnen alles heimzahlen. Erleichtert und fast überschwänglich erklärte ich, dass es jene Schüler gewesen seien, die sich von mir, dem Klassensprecher, nichts haben sagen lassen, als ich sie um Ruhe und Ordnung gebeten hatte. Der Stein war vom Herzen. Sie waren es, jene drei von der Tafel. Jetzt konnte mir auch nichts passieren, der Lehrer war ja da. Wer würde es denn jetzt schon wagen, sich mit mir körperlich anzulegen? Niemand!

Ha,ha. Keiner. Ha,ha. Diesen Augenblick habe ich genossen wie jemand, der vor einem Gericht Recht bekommen hat. Erleichtert und das gerade Geschehene schnell wieder vergessend, rückte ich meinen Stuhl zurecht. Gerade und aufrecht saß ich hinter meinem Tisch. Ein wenig lächelnd „verneigte" ich mich nach allen Seiten, um freundlich zu demonstrieren, dass man mit mir als Klassensprecher eine gute Wahl getroffen habe. Ein paar Mädchen lächelten zurück. Etwas beklemmt zwar noch, aber wohlwollend. Die Schlaue gehörte nicht dazu. Ich glaube, ich bin in diesem Augenblick in den Augen unserer Mädchen ein Held gewesen. Ich habe dazu gestanden, wer es war – und habe nicht ängstlich den Schwanz eingeklemmt, wie es sicherlich manche von mir erwartet hatten.

Die Strafe für jene Raufbolde folgte auf dem Fuß. Drei Namen, drei Sünder! Alle drei mussten vor das Pult treten. Kleinlaut und fast demütig schritten sie durch die Gänge, ganz nach vorne. Als der Lehrer sie dann noch frage, warum sie denn gestört hätten, blieben sie die Antwort schuldig. Noch besser ging es mir, als er sie auch noch fragte, warum sie mir nicht gehorcht hätten. Das hätte ich auch gerne gewußt. Aber es gab auch darauf keine Antwort. Sie durften sich dann auch bald wieder setzen, nicht ohne, dass sie doch bestraft worden wären. Die Gerechtigkeit siegt also doch zum Schluss. So auch hier. Jeder bekam eine Strafarbeit auf. Einen sechs Schulheftseiten langen Aufsatz sollten sie schreiben, zum Thema: Wie ich mich in meiner Schulklasse zu verhalten habe. Das saß. Das hatten sie nun davon. Das rechtfertigte im Nachherein sogar meinen Absturz vom Stuhl auf den Boden. Ich hatte gewonnen. Gesiegt! Ich war doch ein guter Klassensprecher. Die nächsten Tage verliefen ruhig.

Leider hatte ich das Pech, dass sich solche Tage noch oft wiederholten. Meiner Linie bin ich treu geblieben. Ich schrieb wqeiter Namen an die Tafel, und diese Schüler bekamen dann ihre Strafarbeiten. So ließ sich in den nächsten Tagen viel leichter Ordnung schaffen. Oft reichte schon die bloße Drohung, und alles klappte. Das hatte dann auch zur Folge, dass es immer weniger zu schreiben gab. Sehr oft blieb nun die grüne Wandtafel sogar leer. Jedenfalls die rechte obere Ecke, die so genannte Sünderecke.

Aber die Ruhe, die jetzt eingekehrt war, war nur die Ruhe vor dem Sturm. Jetzt ging es erst richtig los. Das Geplänkel in der Schule sollte sich noch zu einem richtigen Flächenbrand entwickeln. Denn es bildete sich jetzt außerhalb der Schule eine kleine Mafia. Die stärksten Jungen unserer Klasse taten sich zusammen und sagten den Kampf an. Der Kampf galt mir.

Von nun an hatte ich nie mehr ein gutes oder sicheres Gefühl. In der Schule belog ich aus Angst den Lehrer, wenn er mich nach Namen fragte, die etwas ausgefressen haben sollten. Nach der Schule führte mich mein Weg unheimlich schnell nach Hause. Nachmittags traute ich mich fast gar nicht mehr auf die Straße. Traf ich hin und wieder doch einmal jemanden meiner Schulkollegen alleine, fauchte der mir als Drohung entgegen: Ich solle abwarten, nur abwarten! Zuckte ich nach dieser Hiobsbotschaft zusammen und fing an zu stottern, gellte das Lachen des Siegers über mir her. Nun hatte man mich in der Hand. Wer glaubt, man hätte mich jetzt verdroschen oder vermöbelt, der irrt. Man ließ mich förmlich am steifen Arm verhungern. Hinfort hatte ich keine Freunde, keine Kumpel und keine Spielkollegen mehr. Traute ich mich doch einmal in eine andere Spielgruppe, war immer jemand da, der dafür sorgte, dass ich wieder zu verschwinden hatte. Lachend wurde ich verabschiedet. „Pech gehabt. Keiner will dich. Hau ab!" Und während ich mich langsam schleichend entfernte, um wieder nach Hause zu gehen, lagen sich die anderen siegreich in den Armen.

Es kam auch noch der Tag der Klassenkeile. Irgendwann hatte die Mafiatruppe ihren Plan ausgeklügelt. Er konnte in die Tat umgesetzt werden. Um es einfach in der Kürze zu sagen: Ich war dran. Man hatte mich gegriffen und hielt mich fest. Ich dachte, mein Ende sei gekommen. Still wie ein Lamm, das zur Schlachtbank geführt wurde, schritt ich in ihrer Mitte. Ein Arm hielt mich rechts, ein anderer links. Innerlich hatte ich mich auf jede Menge Schläge, Haarereißen, Nasenstüber oder „Pferdeküsse" eingestellt, aber es kam anders. Wie einen Schwerverbrecher zerrten sie mich hinter das Haus eines Schulkollegen. Er wohnte in der gleichen Straße, ein paar Häuser weiter hoch auf der anderen Seite. Hinter dem Haus war ein kleiner Garten. Ein paar Bäume, viel Rasen und ein bisschen Gemüse. Fast so wie bei uns hinterm Haus. In der Mitte stand eine alte Regentonne. Sie war in die Erde eingegraben und guckte nur noch etwa zur Hälfte heraus.

Zack! Bevor ich mich versah, tauchte mein Kopf unfreiwillig in das glibberige Regenwasser ein. Weil es schon lange gestanden hatte, war es grünlichbraun geworden und ein paar Blätter oder andere Gartenreste schwammen obendrauf. Die Wasseroberfläche deckte grüne Entengrütze zu. Zack! Und wieder rein. Und noch einmal und noch einmal. Die Freudenschreie und das triumphierende Lachen meiner Peiniger hörte ich bis in die Tonne hinein - sogar unter Wasser. Noch lauter und brutaler wurde es, wenn mein Kopf für kurze Zeit wieder auftauchte. Bäh! Widerlich! Bäh! Ich hatte unbewusst, aber genau, mitgezählt. Fünfmal. Rein – Raus. Und immer schön bis zu den Schultern eintauchen. Zwei kräftige Hände, die sich in meinem fein gekämmten Haar festgekrallt hatten, sorgten für das nötige Auf und Ab. Obwohl ich immer versucht habe, vorher Luft zu holen und diese dann unter Wasser anzuhalten, gelang etliches von dieser stinkenden Brühe in meinen Mund und sicherlich auch tiefer. Als ich mich fast übergeben musste, hörten sie auf. Oder kam jemand durch den Garten? Plötzlich zogen sie mich von der Tonne weg. Ein Glück, die Quälerei war überstanden. Da stand ich, wie ein begossener Pudel in der Mitte. „Ha, ha – guckt ihn euch an, unseren tapferen Klassensprecher! Er ist ja noch ganz grün hinter den Ohren. Und wie er schwitzt!" Dieser Redeschwall setzte sich noch Minuten lang fort. Dann ging es zur nächsten Station. In der Ecke des Gartens war eine kleine Spielecke eingerichtet für die kleinen Geschwister meines Mitschülers. Wieder nahmen sie mich in die Mitte und führten mich zu dem kleinen Sandkasten. Während zwei von ihnen mich festhielten, bewarfen mich die anderen mit Sand. Obwohl ich nur ein paar Hände voll abbekam, sah ich aus wie ein Streuselkuchen. „Ein panierter Schweinekopf", wagte einer zu erkennen – und alle pflichteten ihm lachend bei. „Ein panierter Schweinkopf, ein panierter Schweinkopf!" Es hätte nicht viel gefehlt, und dieser Schlachtruf wäre in eine Melodie übergegangen. Um mich jetzt schnell wieder zu trocknen, „damit der Kleine sich nicht erkältet", fuchtelte mir einer von ihnen mit einem Feldfeuerzeug aus dem Krieg vor der Nase herum. Er hat mich aber nicht verbrannt. Nur meine vorderen Deckhaare fingen an, sich ein wenig zu kräuseln.

Das, was ich hier in wenige Worte gekleidet habe, und was in drei Minuten zu lesen ist, hat ungefähr eine halbe Stunde gedauert. Zuletzt begleiteten sie mich noch bis zur Gartenpforte, um mich „würdig" zu verabschieden. Das Gejohle war noch bis zur nächsten Straßenecke zu hören. Ach, war ich froh, als ich aus ihrem Gesichtsfeld verschwunden war. Dann habe ich richtig laut geheult. Erst gegen Abend bin ich nach Hause gegangen. Von meinen Streuselspuren war nichts mehr zu sehen, und auch die angekokelten Haare hat niemand bemerkt. Meine Tränen waren inzwischen versiegt. Meinen Eltern habe ich nichts davon erzählt.

Es dauerte etwa ein viertel Jahr. Kurz vor den Ferien bin ich zu meinem Lehrer gegangen und habe ihn gebeten, nicht mehr Klassensprecher sein zu müssen. Unter Tränen habe ich ihm alles erzählt. Er wollte sofort die Eltern der Mitschüler benachrichtigen, aber ich habe ihn gebeten, es nicht zu tun, denn ich hatte Angst vor erneuten Schikanen. Es ist dann auch alles im Sande verlaufen. Die Zeiten wurden besser und wir bekamen nach den Ferien einen neuen Klassensprecher.

Einen kurzen Blick möchte ich noch nach vorne tun. Nach der vierten Klasse mussten wir uns ja zum Teil voneinander trennen. Ein Teil ging aufs Gymnasium, ich aber blieb auf der so genannten Realschule. Wir sind von da an eine tolle Klassengemeinschaft gewesen, was sich in unseren heutigen Klassentreffen widerspiegelt.

Man lernt tatsächlich in der Schule nicht nur Rechnen und Lesen, nicht nur Singen oder Malen – man lernt auch eine ganze Menge fürs Leben!

Meine erste Liebe

Ab welchem Lebensalter ist ein Mensch in der Lage, zu lieben? Es wird sicherlich Professoren und Wissenschaftler geben, die sich darüber nicht nur den Kopf zerbrochen, sondern sogar ihre Doktorarbeit geschrieben haben. Tausende von Papierseiten füllen dieses Thema. Hunderte unserer Kirchengesangbücher, Zehntausende unserer Schallplatten und CDs.

Liebe, Amour, Je t'aime. Liebe zu Gott, Mutterliebe, Bruderliebe, Geschwisterliebe, Nächstenliebe, Feindesliebe. Schwerpunkte in unserem Leben. Und dazwischen: Verhältnisse, Beziehungskisten, Partnerschaften, Lebensgemeinschaften, Freundschaften und One-night-stands. Liebe auf Autoaufklebern, auf T-Shirts, auf Lebkuchen, auf Plakaten oder sogar von einem „Himmelschreiber" in die Luft geschrieben: Ich liebe Dich!

Ich bin verheiratet. Eine Tochter. So glücklich, wie man nach 30 Jahren Ehe ist, wenn alles relativ normal verlaufen ist. 30 Jahre zusammen an einem Tisch gegessen, in einem Bett gelegen, in einem Haus gelebt. 30 Jahre gemeinsamer Urlaub, Feste gefeiert und die meiste Zeit davon auch zusammen gearbeitet. Durchgehalten in allen Streit- und Konfliktsituationen. Getragen worden in allen Versäumnissen, Unzulänglichkeiten und auch bei allem Versagen. Mal der Stärkere gewesen, mal der Schwächere. Mal der Redende, mal der Schweigende. Immer mehr ein Stückchen von sich selbst auf- oder abgegeben. Immer mehr ein Stückchen des anderen angenommen oder geworden. Da bleibt es nicht aus, dass man sich manches Mal nicht mehr viel zu sagen hat. Da läuft es – oder es läuft nicht. An heutigen Ehen gemessen ist unsere Ehe vielleicht sogar langweilig. Keine Eheberatung bei „Pro familia", kein Gespräch mit dem Rechtsanwalt über eine miteinzukalkulierende Scheidung, keinen Termin unter vier Augen beim Steuerberater, um rechtzeitig Haus und Konto auseinander zu dividieren. Manchmal hat es aber auch richtig geknallt. Dann war man schon in Gedanken auf dem Weg zu den Büros der vorher Erwähnten. Schweigeminuten wurden zu Ruhetagen. Die guten und schlechten Tage, die uns bei unserer Hochzeit angekündigt wurden, kamen und gingen.

Auch in der Beziehung zu meiner Frau und meiner Tochter wurde über mich gelacht. Es hat mich aber nie so verletzend getroffen wie jenes Lachen in Kindertagen. Das spätere Lachen in unserem Haus, in unserer Familie, beruhte auch immer auf Gegenseitigkeit. Es war ganz deutlich spürbar von Respekt, Liebe und guten Gedanken durchzogen. Nie hat es so schrill, so kratzend, so stechend, so tief gewirkt wie damals.

Über meine Ehe, meine Vaterschaft und das damit verbundene Glück oder Pech könnte ich auch genug erzählen. Aber wie heißt es sinngemäß in manchem Filmnachspann? Die Ähnlichkeit mit noch lebenden oder toten Personen wäre dann nicht rein zufällig. Schnell würden weitere Worte und Schilderungen zu Missverständnissen führen, und da meine beiden Frauen hier an dieser Stelle nicht die Möglichkeit haben, sich an mir zu „rächen" oder sich zu „verteidigen", mache ich jetzt Schluss mit der Plauderei aus dem eigenen „Nähkästchen". Es ist auch wirklich nicht Inhalt des von mir gewählten Themas. Ich bin froh, dass ich die beiden habe, dass sie da sind, und dass ich mit ihnen leben darf. So wie ich bin. Immer als einer von Dreien in einer kleinen Familie. Eigentlich sind wir heute nur noch zwei im Hause. Nur noch wir beiden „Alten". Wie die Zeit so spielt, ist unsere Tochter schon vor Jahren ausgezogen, um sich weiterzubilden und ihr eigenes Leben zu leben. Sie ist ja auch schon fast 30. Immer wenn wir uns sehen, und das ist nicht gar so oft, gibt es Freude oder Stress – oder, wie es bei uns meistens ist: Freudigen Stress.

Wenn ich jetzt von meiner ersten Liebe spreche, weiß ich gar nicht, ob dieses Wort überhaupt zutrifft, denn was ist Liebe? Da bin ich wieder bei den Professoren und den Doktorarbeiten. Kann man mit sechs Jahren schon lieben? Geht das psychisch und / oder physisch überhaupt? Oder ist das alles nur ein Spiel: Gernhaben, Kuscheln, Zuneigung und Wärme?

Ich möchte einfach erzählen, was so mit mir – und wie es geschehen ist. Die Wertung will ich dann gerne anderen überlassen. Ich weiß es genau, ich war damals verliebt. Ein paarmal, und immer gleich tief und intensiv. Aber der Reihe nach.

Ich beginne mit meiner wirklich ersten Liebe. Man kann ja fast schon erraten, wem diese galt. Richtig. Meiner kleinen Freundin aus unserer ersten Wohnung. Die aus dem Haus, wo auch die schon erwähnte Hexe wohnte.

Meine Freundin! Die mit den langen, blonden Zöpfen. Die, die gut und gern zehn Zentimeter größer war als ich. Das war sie immer noch. Ich kam trotz guter Ernährung nicht an sie heran. Dafür war ich ja doppelt so breit wie sie. Man sieht, es gleicht sich alles wieder aus. Sie wohnte immer noch in „unserem" alten Haus. Immer noch in der gleichen Wohnung. Ihr Vater war Maurer, ihre Mutter – na was wohl? Hausfrau. Ihr Opa Schuhmacher, ihr Bruder Student, und dann haben wir die Familie durch.

Nach der Schule trafen wir uns fast jeden Nachmittag hinter unserem Haus, in dem wir natürlich nur zur Miete wohnten, in unserem kleinen Garten. Da haben wir oft gespielt. Besser gesagt, wir waren da oft auf Erkundungsjagd. Wir erkundeten den alten, knorrigen Birnbaum von unten bis oben. Entweder kletterten wir, so weit wie wir kamen, hinauf oder versuchten durch gezielte Steinwürfe die reifen Früchte zu „erlegen". Beides hätte eigentlich nicht nötig getan, denn nach ein paar Tagen lagen die faustgroßen, grünen Birnen zu Hunderten auf der Erde und mussten nur noch aufgesammelt werden. Meine Mutter hat sie dann eingekocht. Sie musste sie sich mit unseren Mitmietern teilen, aber darüber hat es nie Streit gegeben.

Quer über den Hof war eine Wäscheleine gespannt. Wobei Leine nicht das richtige Wort ist, denn es handelte sich um einen ca. 2mm starken Eisendraht. Oder war er aus einem anderen Metall? Er rostete jedenfalls nicht sehr stark. Muss wohl doch etwas anderes gewesen sein als Eisen. Das eine Ende war an dem Birnbaum befestigt, das andere Ende in der Mauer zur Waschküche. Mittendrin wurde sie von zwei Holzlatten gestützt, die oben eingekerbt unter die Leine gestellt wurden. So verhinderte man das Durchhängen der sehr langen Wäscheleine.

Wir haben mit diesen Wäschestützen oft gespielt. Ritterspiele gehörten dabei zu unseren Lieblingsspielen. Eigentlich ein Wunder, dass wir uns dabei nie verletzt haben. Auch zum Birnenpflücken hat sich die lange Latte mit der Kerbe gut geeignet und als „Liegestuhl". Schräg an die Wand zum Spirituosengroßhandel gelehnt, konnte man sich gut flach darauf lümmeln, um sich zu sonnen. Einmal ist uns eine Latte dabei zerbrochen. Dieses Mal hatte ich aber keine Schuld. Meine Freundin mit ihren paar Kilo war schuld, aber ich nehme an, die Wäschestütze war vorher schon durchgerottet. Mein Vater hat sie ersetzt und eine neue gezimmert. Ja, ansonsten gab es noch Ballspiele, Landklauen, Murmeln oder Gippeln, aber das konnte meine Freundin nicht. Das konnten wohl auch nur Jungen. Ach ja, und „Familie" haben wir gespielt. Vater, Mutter und drei Kinder. Ich war der Vater. Sie die Mutter. Unsere drei Kinder waren mein Teddy und zwei ihrer Puppen. Apropos Teddy. Wenn ich meine kleine Freundin als meine erste „Liebe" vorstellte, dann entspricht das doch nicht ganz der Tatsache. Denn meine erste ganz große Liebe war mein Teddy. Mein Vater hatte ihn mir selber gebastelt. Für den gesamten Teddykörper hatte Vater Stücke aus einem ausgedienten Persermantel verwendet. So verfügte der kleine Bär über ein richtiges braunes Zottelfell. Die Augen waren aus gelben Wollfäden darauf gestickt, die Stupsnase aus schwarzem Zwirn. Natürlich hatte er auch Arme und Beine und richtige Hände und Füße. Allerdings bestanden die nicht aus einzelnen Fingern und Zehen, sondern lediglich aus je einem Stück. Das niedlichste an meinem Teddy war seine Kleidung. Er besaß einen – na was wohl? – grünen Pullover! Genau so einen, wie ich auch hatte. Oder waren es gar die Reste davon? Und er hatte, was kein anderer Teddy hatte, zwei schwarze Hosen aus Samt oder Leinen. Das war echter, fester, guter Stoff. Hosen mit richtigen Bügelfalten. Eine lange und eine kurze. Und Hosenträger. Schuhe hatte er nicht, da hatte er nur seine Bärentatzen.

Dieser mein Lieblingsteddy, ich hatte ihn bestimmt insgesamt fast zehn Jahre, spielte noch einmal eine entscheidende Rolle in meinem Leben, die, wer hätte es nicht schon erahnt, im Auslachen endete. Dazu später mehr, bei meiner vierten Liebe.

Ich hatte meinen Teddy so lieb, dass wir beide alles gemeinsam machten. Essen, Schlafen, Lernen und Spielen. Auch Geburtstag habe ich mit ihm gefeiert, und traurige Stunden haben wir miteinander geteilt. Wenn er Geburtstag hatte, haben wir uns an einen Tisch gesetzt und gefeiert. Kleine Weißbrothappen bildeten den Geburtstagskuchen, verziert mit einzelnen streuselüberzogenen Schokoladenplätzchen, dazu eine Tasse kalter Kakao. Je nach Alter standen entsprechend viele Kerzen auf dem Tisch. Dabei hatte mein Teddy bestimmt vier- bis achtmal im Jahr Geburtstag. Die traurigen Stunden haben wir auch geteilt. Dann haben wir das Licht ausgemacht und eine Kerze auf unser altes, wurmstichiges Harmonium gestellt. Meinen ebenfalls traurigen Teddy habe ich auf meinen Schoß gesetzt und ihm selbst komponierte Tonreihen vorgespielt. Das Harmonium klang schon von sich aus traurig, wurde aber durch meine zufälligen Notenabläufe noch trauriger. Manchmal sind mir bei dieser Stimmung sogar Tränen über die Wangen gelaufen. Und jetzt noch ein kleines Wunder: Von meinen Eltern hat mich niemand ausgelacht, wenn ich feierte oder trauerte. Nur mein Bruder, der konnte sich hin und wieder nicht halten vor Lachen. Er spielt im Zusammenhang mit meinem Teddy und meiner vierten Liebe auch eine wichtige, wenn auch negative, Rolle.

Meine erste Liebe, nach meiner allerersten Liebe zu meinem Teddy, möchte ich schildern. Vielleicht inzwischen ein bisschen emotionslos, aber durchaus nicht ohne ein kleines Jucken in der Magengegend. Es ist komisch, immer wenn ich an längst Vergangenes erinnert werde, sind die Bilder und Stimmen wieder lebendig vor mir. So auch hier.

Meine kleine Freundin und ich waren einmal wieder im Garten hinterm Haus. Wir hatten nichts Bestimmtes vor. Wir trotteten nur so vor uns hin. „...um nichts zu suchen, das war mein Sinn." Vorbei an der Waschküche, die immer nach Wäsche und Waschmittel roch. Die braune Kernseife damals hatte aber auch so ihren eigenen Geruch. Die Wäsche natürlich auch. Sie wurde ja auch nur einmal in der Woche gewaschen; höchstens ein Mal. Links um die Ecke stapften wir in Richtung Kohlenstall und blieben vor dem davor stehenden Kaninchenstall stehen. Träumend oder in Gedanken versunken schoben wir einen Grashalm nach dem anderen durch den dünnen Maschendraht. Auch Löwenzahnhalme und -blüten wurden gerne von unseren Kaninchen genommen.

Bevor ich mich in Gefühlsduselei verliere, komme ich am besten gleich zum eigentlichen Akt.

Plötzlich, noch beim Kaninchenfüttern, war der Gedanke geboren: „Wir spielen Verstecken". Zugegeben, mit zwei Teilnehmern war das Spiel auch schnell wieder langweilig, zumal auch die Verstecke auf unserem Hof begrenzt waren. Aber was will man machen, wenn man nur zu zweit ist, und auf Geheiß der Eltern nicht weglaufen durfte. So versteckten wir uns einmal hinter der Wasserpumpe im Haus, die damals schon elektrisch lief, oder in der Waschküche im überdimensionalen Kessel oder hinter der Feuerstelle. Mal hinter den Blechmülltonnen oder einfach im hohen Gras, oder hoch oben auf dem Birnbaum. Ein beliebtes Versteck war auch der Kohlenstall, wobei wir uns dann immer hinter der Trennwand zwischen Briketts und Steinkohle versteckten, und natürlich der Raum, in dem früher das erste Plumpsklo stand. Dieser Raum war zur Zeit ganz leer. Wir haben uns natürlich überall schnell gefunden, und so war jedes Spiel schnell zu Ende.

Meine kleine Freundin versteckte sich einmal wieder in jenem leeren Raum, und ich hatte sie entdeckt. Nur dieses Mal kam sie einfach nicht aus ihrem Versteck heraus, obwohl ich sie eindeutig gesehen und sogar schon am Birnbaum abgeschlagen hatte. Ich guckte nach, was passiert war. Vorsichtig schlich ich mich an die schwere, morsche, braun angestrichene Brettertür, bei der schon einige Bretter ganz schön verrottet waren. Auch von der einstmals so schönen Farbe war nicht mehr viel nach. Sie ging sehr schwer auf, denn die Scharniere waren alle total verrostet. Leise knarrend öffnete ich.

Nein! Da stand sie vor mir, meine kleine blonde Freundin – völlig nackt. Völlig Nackt! Ob sie da Pipi gemacht hätte, war meine erste Frage. Aber das war nicht der Fall. „Warum ziehst du dich denn ganz und gar aus?", folgte neugierig die zweite. Die Antwort kam prompt. Sie hatte ein neues Spiel erfunden. Eines, was wir bis dahin noch nie gespielt hatten. „Wir spielen Doktor und Kunde", rief sie fröhlich. „Du bist der Doktor – und ich bin der Kunde." Huch!? – Kurze Stille. – Darüber musste nachgedacht werden. Ich sollte der Doktor sein? Das war doch der Mann im weißen Kittel. Der Mann, vor dem Mutter soviel Respekt hatte und ihn immer mit „Herr Doktor" ansprach!? Ja, der wollte ich sein! Was es zu tun galt, hat sie mir selber erzählt. Ich sollte sie untersuchen. Die blonden Zöpfe lagen rückwärts auf ihrer braunen nackten Haut. Ich sollte die braunen, runden Knöpfe fühlen und den Bauch abtasten. Mein besonderes Augenmerk galt dem Bauchnabel, der etwas vorgewölbt war. Er sah richtig ekelig aus. Aber selbst ich, als guter Arzt, habe ihn nicht wieder hinein gedrückt bekommen. Wir haben ihn dann so gelassen. Weiter unten sah sie ganz anders aus als ich. Sie war da, wo der Bauch auf den Beinen liegt, leicht eingekerbt.

Was mich spontan wunderte, war, dass sie sich nicht schämte, da so nackt herum zu stehen. Ich schämte mich schon, wenn ich sonnabends, nach meiner Mutter, nackt in die Zinkwanne steigen musste, um gebadet zu werden. Jedesmal hatte ich meine Mutter gebeten, sie möge aus der Küche gehen, wenn ich in die Wanne steige, und sie solle erst wieder hereinkommen, wenn ich im Wasser säße. Ich würde sie dann rufen. So im Wasser sitzend konnte dann auch nicht mehr viel an mir erspäht werden, denn dazu war das Wasser zu dreckig. Jedenfalls war das so mein Eindruck. Oben auf der Wasseroberfläche schwamm ein dicker Film von „Entengrütze". Nur diese war gräulich-weiß, und nicht grün, so wie damals in der Gartentonne. Die Trübung kam von den Flocken der guten alten Kernseife.

Die „Kerbe" sei da für die Kinder, behauptete meine kleine Freundin, die man mal bekommen würde. In mir brach eine Welt zusammen. Hatte ich doch bis zu diesem Augenblick fest geglaubt, dass die Kinder durch das Loch im Bauch, dem Bauchnabel, das Licht der Welt erblicken würden. Auch sie könne einmal Kinder kriegen, ließ sie mich fröhlich wissen. Vielleicht schon bald. Es könnte auch sein, dass sie schon Kinder in ihrem Bauch hätte. Der Doktor sollte doch lieber einmal genau nachsehen. Meine sorgfältigsten Untersuchungen aller Körperöffnungen gaben mir aber keinen Hinweis darauf, dass sich in ihrem Bauch Kinder aufhalten würden. Die Diagnose verlief also negativ. Wir hatten uns für die Untersuchungen wahrlich viel Zeit genommen, sind aber zu keinem Befund gekommen.

„Jetzt wollen wir einmal tauschen", schlug sie vor. „Ich bin der Arzt, und du der Kunde." Das Wort Patient kannten wir beide noch nicht. Also gut, auch ich hätte ja irgendwelche Krankheiten an mir haben können, die es zu finden galt. Die Rollen wurden getauscht. Vorsichtig zog ich mich aus. Ob es nicht auch so im Hemd ginge, habe ich sie ängstlich gefragt. Aber sie bestand auf völliger Nacktheit. Sie muss bei ihrem Spiel so in Gedanken gewesen sein, dass sie sogar vergaß, sich wieder anzuziehen. Nun sollte auch das letzte, was ich hatte, der kleine wollene Kinderslip, fallen. „Was sein muss, muss sein", leuchtete mir ein, und ich gehorchte. Während wir uns auf die neue Untersuchung einstellten, hörten wir im Garten das Geräusch von Tritten im Gras. Da kam jemand über den Hof. Wir erschraken beide. Die Frau aus der unteren Etage war aus der Parallelstraße, einem kleinen, mit Kopfsteinen gepflasterten Weg, abkürzender Weise durch den Garten, also über den Hof, zum Haus gelaufen. Durch die breiten Ritzen in der alten Brettertür konnten wir sie genau sehen. Dann musste sie uns doch auch sehen. Wir waren mucksmäuschenstill. Jetzt bloß nicht bewegen. Es ging alles gut, sie lief vorbei, ohne uns zu bemerken. Dann konnten die schwierigen Untersuchungen fortgesetzt werden. Kinder könnte ich keine bekommen, hat sie mir glaubhaft versichert. Aber ich könnte welche machen. Damit. Und sie griff nach dem, was mich im unteren Teil unserer kleinen Puppenkörper von ihr unterschied. Kurzerhand machte sie dann noch die Fingerprobe, ob auch alles echt sei. Sie jonglierte ein wenig und zog und zog und fing fürchterlich an zu lachen. Sie lachte so laut, dass die Mieterin, die sich in die Waschküche begeben hatte, zurückkehrte, um zu sehen, wo wir seien. Jetzt hatte sie uns natürlich gleich erblickt, riss die Tür auf und wollte doch partout wissen, was wir dort treiben würden. Hatte sie denn noch nie etwas von ärztlicher Schweigepflicht gehört? Ein kräftiges „Pfui" stieß sie noch aus, um uns dann barsch und eindringlich aufzufordern, uns sofort wieder anzuziehen. Sie würde das alles meiner Mutter erzählen, drohte sie. Blieb ihr ja auch als einzige Möglichkeit nach. Die Mutter meiner Freundin wohnte ja acht Häuser weiter die Straße rauf.

Als wir beide beschämt und ängstlich die Treppen nach oben zu uns raufkletterten, hörten wir, wie sie ihrem Mann im Laden von ihrer guten Tat erzählte. Ein gellendes Gelächter aus der Fleisch- und Käseabteilung war nicht zu überhören. „Was meinst du, wie die sich erschrocken haben?", hörten wir noch. Sie war richtig stolz darauf, dass wir uns so erschrocken hatten. Ein wenig litt in diesem Augenblick die Liebe zu meiner Freundin. Hätte sie nicht so gelacht, als sie mich nackt sah, hätte niemand etwas bemerkt.

Was gab es denn an mir so zu lachen? Bei ihr hatte ich doch auch nicht gelacht, sondern sie mit allem Ernst sorgfältig untersucht. War es mein kleines „Bübchen" oder mein „Pillerchen", wie meine Mutter es nannte? Oder war es mein, wie eine zusammen geschobene Decke aussehender, dicker Bauch? Oder waren es meine fleischigen Oberschenkel, die sich im Schritt berührten?

Viele Fragen blieben wieder offen. Ich habe sie auch nie gefragt, warum sie so gelacht hat. Durch den Schreck allerdings waren wir geheilt, wir waren schlagartig gesund. Nie mehr haben wir „Doktor" gespielt. Nie mehr.

Zeit ging ins Land. Der Ärger um das Gekreische und den damit verbundenen „Hochverrat" war vergessen. Wie in einer guten Ehe hatte sich auch in unserer Liebesbeziehung wieder alles normalisiert. Wir gingen immer noch miteinander. Wir blieben zusammen. Und wieder waren wir etwas älter geworden.

Noch einmal kam es mit meiner Freundin zu einer richtigen Szene. Kann sein, dass wir danach Schluss gemacht haben. Wir waren immerhin schon etwa zehn Jahre alt, und da sieht man alles schon ein bisschen anders. Und ewig an der Nase herumführen lassen wollte ich mich auch nicht. Man wird eben erwachsener.

Die Szene, die ich gerade ankündigte, hat mich, wie sollte es auch anders gewesen sein, schwer getroffen. Begonnen hat alles bei uns im Garten. Nachdem wir wieder einmal nichts fanden, womit wir uns auf Dauer beschäftigen konnten, fragten wir meine Mutter um Erlaubnis, an den nahen Strand zu gehen. Es waren ja nur ungefähr einhundert Meter. Und schließlich waren wir doch auch schon groß. Immerhin schon in der dritten Klasse.

Wir gingen also, wie wir es damals fast immer taten, Hand in Hand zum Strand. Als vor uns die sich dort befindliche Brücke auftauchte, kam es über meine kleine Freundin. Sich mir zuwendend fragte sie mit ihren blauen Eva-Augen: „Wollen wir uns einmal küssen?" Potz Blitz – die hatte aber auch Ideen. „Behalten wir unser Zeug dabei an?", musste ich mich zuerst einmal vergewissern. Als sie mir dieses glaubhaft bestätigen konnte, hatte ich auch nichts dagegen. Wusste ich doch genau: Ein Kuss ist ein Liebesbeweis. Das war wieder was für mich. Sie mochte mich! „Küssen?", fragte ich zweifelnd noch einmal nach. „Wo das denn?" Frauen sind einfach erfinderisch. Ich war schon dankbar, dass sie mir diesen wichtigen Schritt nicht in der Öffentlichkeit abforderte, als sie vorschlug, es unter der Brücke zu tun. Im gleichen Moment fühlte ich mich auch sicherer. Warum nicht? Unter der Brücke?! Dort angekommen schlug ich noch ein paar Sicherungsmaßnahmen vor, um mir wirklich sicher zu sein, dass uns niemand beobachten konnte. So schaufelten wir mit unseren Händen einen Sandwall links und rechts auf, der die Sicht unter die Brücke von den Seiten her verhindern sollte. Wir haben ganz schön lange geschaufelt, bis unsere Sichtblenden einigermaßen hoch und dicht waren. In unserem Verlies wurde es dadurch auch ein wenig dunkler, was mir sehr entgegen kam. Wiewohl ich mir noch nicht ganz sicher war und mein kleines Jungenherz mächtig klopfte, konnte ich dem großen Augenblick nun nicht mehr ausweichen. Wir hatten unser Bauwerk, unseren Schutzwall, fertig, und versammelten uns fast ritualmäßig in der Mitte des nunmehr entstandenen Raumes. Von Ruhe und Stille konnte nicht die Rede sein, denn die Strandgeräusche der vielen um uns herum waren deutlich zu hören. Hier das Geschnatter am Strandkorb, da das fröhliche Juchzen der Badenden. Über uns das Trampeln und Schlurfen der Leute, die auf der Brücke liefen. Da die Brücke, wie üblich, aus vielen Querbohlen bestand, rieselte uns durch die Ritzen ständig Sand auf unsere Köpfe. Jetzt erst beim Hinaufsehen unter die Brückenbretter fiel mir etwas auf, dass ich bis dahin noch gar nicht bemerkt hatte. Meine Freundin, sonst von blonden Zöpfen geziert, trug heute ein Tolle. Sie hatte ihre Haare irgendwie kunstvoll auf dem Kopf zusammengebunden, so dass es wie eine große blonde Welle aussah. Was ich dann auch sofort bemerkte, war, dass sie heute noch viel größer war als sonst. Mindestens noch einmal fünf bis sechs Zentimeter. Meine Haare waren wie immer glatt gescheitelt gekämmt und wurden von der berühmten Haarklammer gehalten. Nun unterschieden uns schon bestimmt 15 cm. Da wirkte ich ja wie ein kleiner Junge neben ihr. Dieser Größenunterschied aber sollte unserer Liebe keinen Abbruch tun. Sie nahm mich bei der Hand, wir stellten uns gegenüber, schauten uns an und dann...

Ich richtete meinen Kopf etwas schräg nach oben, zog den kleinen Bauch ein, schloss die Augen und spitzte meinen Mund. Was sie machte, bekam ich nicht mehr mit. Ich wartete. Gerade als ich meine Augen wieder öffnen wollte, um zu sehen, warum nichts geschieht, da fühlte ich ihre Lippen auf meinen. Eine Sekunde, oder vielleicht waren es auch zwei. Es war jedenfalls nur eine ganz kurze Berührung. Und ein Schmatz, oder wie immer man das Geräusch beschreiben soll, war zu hören. Überstanden.

Das war ein Gefühl. Mein erster richtiger Kuss! Bis dahin hatte ich nur meine Mutter geküsst und ich glaube, das nicht einmal freiwillig. Bei ihr mochte ich das überhaupt nicht. Erstens küsst man als Junge und Mann seine Mutter nicht, und zweitens hatte sie schräg über ihren Lippen an der Wange eine große Warze, aus der, für mich widerlich, einige schwarze Borsten herausguckten. Na ja, und die jüngste war sie ja nun auch nicht mehr. Da war es hier unter der Brücke doch ganz anders.

Meine Freundin, meine einzige Freundin gab mir meinen ersten Kuss. Richtig so von Mädchen zu Junge. Und dann noch auf den Mund.

Unter dem Erleben des eben Geschehenen, so vor mich hinträumend, bemerkte ich, dass sie unsere Sandhöhle bereits verlassen hatte, um auf die Brücke zu klettern. Als ich ihr hinterhereilen wollte lief sie vor mir weg. Die ganze Brücke entlang, den Weg zurück zu uns nach Hause. Sie schrie in einer Tour, so dass alle, die uns entgegen kamen, es hörten: „Er hat mich geküsst. Er hat mich geküsst." Ich habe nicht einsortieren können, ob es sich hierbei um einen Hilferuf wie nach einer Vergewaltigung handelte – oder ob es ein Glücksschrei, wie nach einem Sechser im Lotto war. Die Leute freuten sich jedenfalls alle riesig. „Er hat sie geküsst" raunte es hier und da. „Der Kleine hat seine Freundin geküsst", unterstrichen die anderen verbal die ganze Aktion. Und alles war wieder so niedlich. Und alles drehte sich wieder um den Kleinen.

Ha, ha.

Ehrlich gesagt, der Kuss hat nicht das wieder gut machen können, was ich an Schamgefühl und Erniedrigung empfand, als ich so durch die Straßen rannte. Meine Freundin, mit der ich „abrechnen" wollte, war sicherheitshalber gleich zu sich nach Hause gelaufen.

Unsere Freundschaft war bald zerbrochen, und wir lebten hinfort wie normale Schulkollegen nebeneinander. Geliebt habe ich sie dann aber nicht mehr. Nie mehr. Bis heute nicht. Ob das nun alles mit diesem, meinem ersten Kuss zusammenhing, kann ich nicht mehr mit Genauigkeit sagen – aber ein Wunder wäre es ja auch nicht – oder?

Genug davon. Ich erzähle jetzt von meiner zweiten Liebe. Die Geschichte ist kürzer und auch nicht ganz so schmerzhaft. Aber es dreht sich wieder um eine Liebe, die lachend zerbrach.

Meine zweite Liebe ging auch mit mir in eine Klasse. Sie wohnte auch in unserer Straße. Sie war nicht ganz so schön und schon gar nicht so blond – und so lieb war sie eigentlich auch nicht. Sie hatte sich nie um mich gekümmert. Man kann wohl sagen, dass diese meine zweite Liebe einseitig war, denn sie ging, das bekenne ich, nur von mir aus. Aber ich mochte sie. Sie war etwas derb und burschikos und eigentlich gar nicht richtig weiblich. Nachdem wir zwei- oder dreimal zusammen Schularbeiten gemacht hatten, meistens bei ihr zu Hause, mochte ich sie noch ein wenig lieber. Eines war für mich allerdings nicht so gut. Sie wurde schon damals von anderen Jungen unserer Klasse und auch der Nachbarklassen umworben. So war ich nur einer von Vielen, der sich an sie ran machte.

Heute denke ich, unterschwellig war es wohl der Konkurrenzneid auf meine Schulkollegen, der mich zu dieser »Liebe« trieb. Denn mehr noch als meiner zweiten Freundin wollte ich es meinen Kollegen zeigen, was ich für ein Typ war. Und was ihnen nicht gelang, wäre für mich ein Kinderspiel.

Eines Tages, ich ging mit meiner Neuen durch unsere Straße, blieben wir vor einem Juweliergeschäft stehen. Wir guckten auf die Auslagen der schönen Ringe und Ketten. Eigentlich guckte nur sie. Sie träumte von einem echten Ring aus Silber oder Gold. Dieser sollte es sein oder jener. Ich hatte fast das Gefühl, ihre

Augen wurden feucht. Das wäre ein echter Liebesbeweis, wenn einer ihr solch einen Ring oder solch eine Kette schenken würde. Das würde nur ein echter Held machen, einer, der wirklich ein ganz toller Kerl sei. Na, wer wohl? Das war doch offensichtlich eine ganz klare Aufforderung an mich. Wer von uns allen hätte denn ein besserer Held sein können als ich.

Es ist doch wohl klar, für einen Silberring oder eine Kette hatte ich gar kein Geld. Taschengeld gab es nicht, und meine Eltern gehörten eher zu den minder Bemittelten. Aber ich hatte eine Idee. Neben uns, zur Rechten, wohnte doch der Getränkemensch, der mit seinem Großhandel für Bier, Sprudel und Schnaps. Sein Grundstück grenzte genau an unseres und wurde nur durch eine Mauer getrennt. Beim Spielen und Herumklettern hatte ich schon längst gemerkt, dass hinter dieser Wand auf seinem Grundstück jede Menge Flaschen aufgestapelt waren. Leergut. Alle an die Wand gestapelt und gehortet, um von der Spirituosenfabrik wieder abgeholt zu werden. Auf alle Flaschen, das wusste ich, gab es Pfand. Zehn Pfennig pro Flasche. Wir hatten uns als Kinder schon so manche Mark durch das Zurückbringen von Pfandflaschen verdient. Also, da lag das Geld auf der Straße – oder besser auf dem Nachbargrundstück, direkt hinter der Abtrennung zu unserem Grundstück. Jeder andere wäre jetzt auch auf die Idee gekommen, mehrmals am Tag spielend auf der Mauer zu balancieren, ab und zu dabei zu einer Flasche zu greifen, sie mitzunehmen und sie im Kohlenstall zu verstecken. Das Geschäft ging gut. Niemand hat etwas bemerkt. Bei den vielen Flaschen, die es nun zurückzubringen galt, wurde eine Strategie entwickelt, die mich nicht in Verdacht kommen ließ. Natürlich brachte ich nur zwei bis drei Flaschen am Tag zurück – und – die Geschäfte musste man wechseln. Unser Stamm-Kaufmann hätte sich schon gewundert, wenn ich mehr Flaschen am Tag zurückgebracht hätte, als meine Mutter in einer Woche eingekauft hatte. Aber so dumm ist ja wohl keiner. Irgendwann hatte ich mein Geld zusammen. Nein, für einen Silberring reichte es nicht, aber wenn man sich liebt, muss es ja auch kein Silber sein, es reicht doch wohl auch etwas Einfaches. Da war ich mir sicher. Gleich neben dem Juwelier war ein Spielzeugladen. Schon oft hatte ich davor gestanden, konnte mir aber selten etwas kaufen. Im Schaufenster lag, neben vielem anderen Trödel, ein Hoola-Hoop-Reifen aus Plastik. Verschiedene meiner Mitschülerinnen hatten auch schon einen. Er war der Traum eines jeden Mädchens. Einen solchen Reifen kaufte ich, ging zum Elternhaus meiner zweiten Liebe und wollte ihr feierlich den „Ring" überreichen, einen „Ring", den sie sich doch so sehr erträumt hatte. Und das der nun nicht aus Silber war – so schlimm war das doch auch nicht. Na ja. Das Ergebnis kann sich wohl jeder denken. Eine lachende Freundin, ein lachender Bruder von ihr, ihre lachende Schwester, ein lachender Vater und eine lachende Mutter. Dann haben wir die Familie auch durch. War wohl nichts mit meiner Heldenhaftigkeit. War wohl nichts mit „Toller Typ". War wohl nichts mit zweiter Liebe. Wieder ging ich traurig nach Hause. Den Reifen habe ich mitgenommen. Meiner Mutter habe ich erzählt, wie sehr ich mir einen solchen schon immer gewünscht hatte, und nun hätte ihn mir „Frau Sowieso", die Mutter meiner zweiten Freundin, geschenkt.

So blieb alles heil, und ich hatte einen Reifen, mit dem ich nichts anfangen konnte. Mit meinem Bauch und meinem Hüftschwung war da nichts zu machen. Das Ding landete im Kohlenstall, eingegraben unter den Steinkohlen. Wir fanden ihn erst wieder, als unsere Wohnung auf Öl als Brennstoff umgestellt wurde und wir unsere Kohlen nicht mehr brauchten. Die Zeit der Hoola-Hoop-Reifen kam später noch einmal wieder. Meine Erinnerung auch.

Viel schneller und einfacher ist meine dritte Kinderliebelei erzählt. Sie, die Dritte, wohnte im Zollamt. Das Haus lag direkt am Hafen. Dahinter der Deich. Es war ein ganz normaler Sommertag. Mit dieser meiner Neuen hatte ich mich zu einem Deichspaziergang verabredet.

Sommerlich gekleidet bummelten wir erst am Wasser entlang, um das nächste Stück auf der Deichkrone entlang zu gehen. Mitten durch die Schar der vielen Schafe und deren Lämmer. Das Meer spülte leise gegen die großen Felssteine, die zum Schutz an den Deichfuß gelegt worden waren. Nach ca. zwei Kilometern, wir hatten inzwischen schon die Arme umeinandergeschlungen, legten wir uns nebeneinander ins Gras und lauschten den Möwen, dem Meer und dem dauernden Geblöke der kleinen und großen Wollknäuel. Gekonnt habe ich dann zu allen Mitteln der liebenden Kunst gegriffen und sie mit einem Grashalm gekitzelt oder zärtlich gestreichelt. Wir freuten uns miteinander und übereinander. Die Stimmung war gut. Von der Sonne verwöhnt, von der Stille fasziniert, von den erwiderten Liebesbekundungen ihrerseits begeistert, die Augen geschlossen, den Grashalm in der Hand haltend, warf sich plötzlich, unvermittelt, trotz schönster Sonneneinstrahlung ein Schatten über mein Gesicht. Ich blickte auf und wunderte mich, wo denn so schnell eine Wolke hergekommen sei, die die Sonne verdunkelt.

Es war keine Wolke, es war ein Mensch. Ein Junge, groß und blond, einer aus unserer Klasse. Wer weiß warum, aber schreckartig zog ich meinen Arm zurück, warf den Grashalm weg und nahm eine sitzende Position ein. „Hallo" entfuhr es stammelnd flüsternd meinem Mund, „Was macht du denn hier"? Kurz, laut und frech war seine Antwort. Das Maul sollte ich halten und meine Finger von seiner Freundin nehmen. Ach. Nach einem kurzen Wortwechsel, großzügig hatte ich nachgegeben, zogen die beiden ab. Sie mit ihm – er mit ihr, Arm in Arm.

So wie wir gekommen waren, gingen sie nun gemeinsam den Weg zurück. Für beide war ich erneut ein Grund zum Lachen. So begossen, wie ich da stand, und weil ich als Liebesheld letztendlich doch das Handtuch werfen musste. Sicherlich war das Lachen und waren die Spottsprüche nur so laut zu hören, weil es ringsherum überall so still war. Mich hat das Lachen jedenfalls noch lange begleitet.

Mein Nachhauseweg führte mich auch nicht mehr hinter den beiden her. Die Abkürzung über den Deich, die Innenseite heruntergestolpert und quer durch die Marsch nach Hause, das war mein Heimweg. Wieder einmal hatte ich verloren. Und während der Sieger glorreich mit meiner Liebe davonzog, kehrte ich als Verlierer traurig heim. Wieder einmal habe ich richtig geweint und dieses Mal sogar zu Hause vor meiner Mutter, die mich mit den Worten „dann war sie es auch nicht wert" tröstete.

Keine Angst, ich erzähle nicht mein ganzes Liebesleben. Schon gar nicht das nach meiner pubertären Phase. Obwohl, auch da gab es Ereignisse und Geschichten, die hier mit herein gepasst hätten, aber was soll's.

Doch von einem Fall, er soll dann auch erst einmal der letzte sein, möchte ich noch erzählen dürfen. Es ist der Fall, den ich unter Nr. 4 in meinem Gedächtnis abgespeichert habe. Es ist auch die Geschichte, in der mein Teddy und mein Bruder noch einmal so richtig zum Zuge kommen.

Es war ein Freitag. Alles war immer noch so, wie es immer war. Das gleiche Haus, die gleiche Wohnung, die gleichen Mieter. Alles war wie immer. An diesem Wochenende hatte sich bei unseren Eltern Besuch angekündigt. Neffe und Nichte, väterlicherseits, mit ihrer Tochter hatten sich zum Wochenendbesuch angesagt. Wir kannten uns nicht. Wir hatten uns bis dahin nie gesehen und auch vorher nichts voneinander gehört. Sie waren für mich wie Fremde.

So war es auch kein Wunder, wie sich später herausstellte, dass wir schon aneinander vorbeigegangen waren, ohne uns zu erkennen, geschweige denn zu begrüßen. Nun saßen sie bei meinen Eltern zum Kaffeetrinken. Wie fast immer spielte ich im Garten. Und wie so oft, so auch dieses Mal alleine. Wie ich da so spiele, kommen mein Bruder und mein Vetter die Treppe heruntergerannt, schnurstracks auf mich zu. „Schnell, schnell", riefen sie mir zu, „da ist ein ganz hübsches, großes Mädchen für dich angekommen." Das klang ja wie ein Märchen. Ein Mädchen? Ein ganz hübsches? Für mich?

Falls ich jetzt noch traurig war, dass ich immer alleine spielen musste, war dies Gefühl auf einmal verflogen. „Wo? Wer? – Für mich?" erkundigte ich mich aufgeregt. Man verriet mir, dass oben in der Wohnung unsere Großcousine sitzen würde, groß, blond und unheimlich gut aussehend. Und wie das Schicksal es wollte – fast in meinem Alter. Bei der Beschreibung ‚groß' zuckte ich gleich wieder zusammen. Ich erkundigte mich nach der wirklichen Größe, und da hatten wir das alte Problem wieder. Sie war mindesten 15 cm größer als ich. Mindestens, wenn nicht noch mehr. Na denn, das hatten wir ja schon einmal.

Nun aber erzeigten sich mein Bruder und ein Vetter von uns als scheinbar echte Kumpel. Jedenfalls haben sie es damals so verstanden. Sie wussten nämlich Rat und Abhilfe. Traurig hatte ich gerade beklagt, dass das dann doch nichts für mich sei, weil ich schon des Öfteren wegen meiner kleinen, dicken Figur gescheitert sei, als sie mich ergriffen. Einer packte meine Hände, meinen Kopf und meine Schultern und der andere fasste mich bei den Fußfesseln. Ja, und dann?

Ja, so blöd, wie sich das jetzt anhört: Dann wollten sie mich lang ziehen. „Fünfzehn Zentimeter, die sind schnell gezogen", meinten die beiden. Sie hielten mich fest und zogen und zogen. Das war ein Augenblick tiefster Demütigung für mich und machte mich aggressiv und fürchterlich wütend. Ich schlug um mich und versuchte, mich mit allen Möglichkeiten aus meinem Gefängnis zu befreien. Das war eine Gaudi für die beiden. Mir ging es hundeelend. Sie zogen und zogen. Passgerecht wollten sie mich machen, lang ziehen, damit ich endlich auch einmal Chancen hätte. Über ihr überwitziges Gelache und Gekiechere sage ich nichts mehr. Mir wird heute noch schlecht, wenn ich daran denke.

Mit meiner Großkusine übrigens habe ich mich die ganzen Jahre gut verstanden. Bis heute.

War dieses Verhalten der beiden Lackaffen schon verwerflich und für mich bösartig und widerlich, setzten sie dem ganzen Geschehen noch die Krone auf. Und diese Krone des Geschehens traf mich in der allertiefsten Tiefe meiner Seele. Das, was ich nun zu erleben hatte, war aus meiner damaligen Sicht, obwohl ich schon 10 Jahre alt war, das Schlimmste, was mir widerfahren konnte. Den Tod meiner Mutter oder meines Vaters hätte ich mir nicht schlimmer vorstellen können.

Man hatte mich aus den Fängen inzwischen wieder frei gelassen. Immer noch schnaubend vor Wut, schlug ich um mich. Ich schlug mit den Fäusten und trat mit den Füßen. Aber gegen die beiden, eben sieben Jahre älteren, hatte ich keine Chance. Bevor sie sich dann doch endlich aus dem Staub machten, gaben sie mir noch einen „wertvollen Hinweis", wie sie meinten. Einen Hinweis, der mich ganz weit nach vorne bringen würde. Nach vorne auf dem Weg zum Mann, zum ganzen Kerl. Die Spannung erreichte ihren Höhepunkt. Das Geheimnis meiner zu erwartenden Männlichkeit lag, so ließen sie mich wissen, in einer der Mülltonnen, die im Gang neben unserem Haus standen. So schnell ich konnte, rannte ich hin. Der Durchbruch zum Erwachsenwerden, das Mittel meiner Männlichkeit, lag in einer Mülltonne? Als ich leicht den Deckel anhob, brach ich zusammen. Alles in mir brach schlagartig zusammen. Ein gellender Aufschrei aus der Tiefe meiner Seele war die Antwort auf das, was sich meinen Augen bot. Ich zitterte. Mir war speiübel. Vor mir lag neben braunem, klebrigen Kaffeegruß, nassem, nach Fisch stinkendem Zeitungspapier und unter verschiedenen vergammelten Speise- und Gartenabfällen – mein Teddy.

Mein von mir über alles geliebter Teddy. Zerrissen, zerfetzt, kaputt – gestorben. Er war in seine Einzelteile zerrissen: der Kopf, der Bauch, die Arme und die Beine. Und alles kaputt, aufgerissen und stinkend.

„Wer mit zehn Jahren noch mit einem Teddy spielt, ist kein richtiger Mann, kein Kerl", schallte es mir aus dem Hausflur entgegen. „Du musst endlich mal erwachsen werden, ha, ha, ha......"

Nie zuvor und nie danach habe ich solche hässlichen Stimmen gehört und wahrgenommen. Nie wieder habe ich Erwachsenwerden so gehasst wie an diesem Tag. Am liebsten wäre ich statt größer lieber wieder kleiner geworden. Am liebsten so klein wie mein Teddy. Dann hätte ich mich jetzt zu ihm gelegt – zu ihm in die Mülltonne.

Vergessen der Sarg Kennedys mit dem Sternenbanner auf der Lafette. Vergessen das große Abtreten mit Trommelwirbel und letztem Salut. Vergessen das reiterlose Pferd und die ewige Flamme. Nur weg. Schnell weg. Am besten in die Mülltonne – nur weg!

Da stand ich nun alleine. Behutsam und liebevoll zog ich die einzelnen Teddyteile unter dem Unrat hervor. Vorsichtig versuchte ich ihn wieder zusammenzufügen, indem ich alle Teile fest aneinander drückte. Es gelang mir natürlich nicht. Herzhaft weinend schmiegte ich alles, was mir noch geblieben war, an mein rundes, zartes Kindergesicht. „Nicht weinen, Teddy", flüsterte ich ihm leise zu. „Nicht weinen!"

Sportlich, sportlich

Fußball, Volleyball, Handball, Medizinball, Völkerball, alles was auch nur mit einer Lederkugel zu tun hatte, machte mir unheimlich viel Spaß. Dabei war völlig unwichtig, ob der Ball größer oder kleiner war. Hauptsache, es war ein Ball.

Zuhause hatte ich in meinen ersten Kinderjahren immer nur Bälle aus Gummi. Die anderen waren viel zu teuer, haben mir meine Eltern oft erklärt, und so reichlich hatten wir es wirklich nicht. Deshalb bekam ich auch meine erste Eisenbahn erst mit 12 Jahren und dann auch nur eine „Trix", während alle anderen in meiner Klasse, die sich für Eisenbahn interessierten, eine „Märklin" hatten. Die Armen in unserer Klasse, so klang es beim Vergleichen untereinander durch, hatten eine „Fleischmann", die war schon schlecht. Aber selbst dafür hat es nicht gereicht, ich bekam eine „Trix"-Eisenbahn. Und was heißt schon Eisenbahn? Es war die Grundausstattung. Ein Schienenstrang in der Form eines Ovals, ungefähr 1.20 m lang und 80 cm breit, der von einer Quertrasse, also mit zwei Weichen, durchquert wurde. Nur für Kinder des einundzwanzigsten Jahrhunderts erwähne ich noch, dass meine Weichen noch mit der Hand gestellt werden mussten. Vielleicht war es so gesehen ja sogar gut, dass es dann nur zwei waren. Dazu besaß ich einen Zug. Eine schwarze, kleine Dampflok, natürlich ohne richtigen Dampf, einen Kohlentender, einen Waggon für Reisende und einen Waggon für Stückgut. Das war alles. Und trotzdem denke ich gerne an meine Eisenbahn zurück. Ich habe wohl Stunden über Stunden dabei verbracht, meinen Zug in die Ferne zu schicken. Immer im gleichen Oval, rundherum, und manchmal auch quer durch. Ach, man konnte ja so viel damit spielen. Es gab Fahrten, da zog die Lok die Anhänger - mal alle, mal einzelne; und manchmal schob die Lok die Anhänger. Ganz zu schweigen von den verschiedenen Geschwindigkeiten, die man stufenlos am Trafo regulieren konnte. Und wenn alles langweilig wurde, drehte man die Lok um, und der ganze Zug fuhr den anderen Weg. Eine völlig neue Perspektive. War der Zug und der Schienenstrang auch nur einfachster Natur, war die dazugehörige Landschaft umso schöner. Die anderen hatten seinerzeit „Faller-Häuser", den Markenartikel unter dem Eisenbahnzubehör, meine Häuser waren „made by my father". Nächtelang hatte mein Vater gesessen, um seinem Sohn eine schöne Landschaft zu bauen. Aus alten Sackresten, aus Pappe, etwas Holz und Gips. Und es war eine schöne Landschaft. Mit Abstand die schönste, die jemand aus meiner Klasse hatte. Die Häuser hatten alle eine andere Form, alle eine andere Farbe und manche waren sogar beleuchtet. So hatte ich zum Beispiel einen Bahnhof, eine Kirche, Wohnhäuser und auch ein Krankenhaus. Und einen Tunnel hatte ich, aus Sackrupfen und Gips gefertigt, und naturgetreu bemalt. Also, da kann ich wirklich nicht meckern. Meine Landschaft war schon toll. Die Anlage stand auf der Chaiselongue in unserer Küche. So konnte ich immer noch spielen, wenn meine Eltern schon im Bett waren, bis sie das schleifende Geräusch doch nervte und sie mich baten, auch zu Bett zu gehen.

So schlicht wie meine Eisenbahn war auch mein anderes Spielzeug, und deshalb hatte ich zunächst auch nur einen einfachen Gummiball. Mein erster Gummiball hielt genau 10 Minuten. Aus Anlass meines 6. Geburtstages habe ich ihn geschenkt bekommen. Einen schwarzen, schönen, an der Oberfläche angerauten Gummiball mit knallgelber Beschriftung. Ich war riesig stolz auf meine Eltern, als ich ihn in meinen Händen hielt. Meine wenigen Freunde würden neidisch auf mich sein und mich wegen dieses besonderen Balles bewundern. Und weil er schwarz und so angeraut war, sah er auch so besonders, so wertvoll aus. Für mich schien es unmöglich, dass irgendein anderer damals schon einen solchen Ball gehabt hat. Die anderen hatten nur diese großen, glatten, glänzenden Plastikbälle, mit denen die Kleinstkinder immer am Strand spielten. Pah, Kinderkram. Mein Ball war ein echter guter Fußball.

Natürlich bin ich mit ihm noch am Tag meines Geburtstages, den ich im engsten Kreis meiner Familie gefeiert habe, auf den Hof und in den Garten gelaufen. Mein erster Schuss mit diesem neuen Ball war auch mein letzter. Ein gezielter Schuss in Richtung Grasfläche und Birnbaum landete direkt auf einem Nagel im Baumstamm, an dem vorher mal die Wäscheleine befestigt gewesen sein muss. Ein zischendes Geräusch verriet mir etwas Schreckliches. Als ich meinen Gummiball, das schönste Geschenk der letzten vier Geburtstage, in den Händen hielt, kamen mir die

Tränen. Luftlos, platt und ohne Leben, so lag er da auf meinen kleinen Handflächen. Ich verstand die Welt nicht mehr.

„Ja, das war's denn wohl", war Vaters Kommentar. Wie recht er hatte.

„Dann müssen wir wohl wieder ein Jahr warten, bis zum nächsten Geburtstag".

Da wir ja nun wieder ein Jahr warten mussten, würde mich heute schon interessieren, ob es ihm wohl auch so schwer gefallen ist wie mir. Ein Jahr kann lang sein, unendlich lang. Aber ich glaube, es hat kein ganzes Jahr gedauert. Zum nachfolgenden Weihnachtsfest, immerhin nur sieben Monate später, bekam ich einen neuen Fußball. Dieses Mal einen echten Lederball mit einer Gummiblase. Auch er war schon nach ein paar Tagen das erste Mal kaputt. Nur gut, dass man die Gummiblase immer wieder mit Fahrradflickzeug flicken konnte. Somit hatte ich ihn doch insgesamt über zwei Jahre. In diesen zwei Jahren wurde ich ein richtiger Ball-Narr und wäre zu gerne in den Fußballverein eingetreten. Meine Zugehörigkeit zu unserer „anderen" Kirchengemeinde ließ dieses nicht zu, Fußball und Glaube passten, so wurde es mir vermittelt, nicht zusammen. Ich habe mich gegen den Fußballverein entschieden. Umso mehr hatte ich meine Freude am Ballsport in der Schule. Hier sprach kein Glaube dagegen, hier war es Unterricht.

Ich war immer noch klein, dick und gut gekämmt, und zumindest die ersten beiden Merkmale sollten mich noch durch mein sportliches Leben begleiten. Meine glatte Frisur und meine Haarspange haben mich nie wesentlich beeinträchtigt. Zur Größe, oder bei mir besser zur Kleinheit, folgende Anmerkung.

In unseren Sportstunden ging es zu wie später bei der Bundeswehr. Sie begannen mit dem Umziehen in den Umkleideräumen, natürlich getrennt nach Mädchen und Jungen. Fünf Minuten standen uns dafür zur Verfügung. Dann schrillte ein ohrenbetäubender Pfiff einer Trillerpfeife durch den gefliesten und damit den Schall verstärkenden Flur, und wir hatten in die Turnhalle zu laufen. Nicht schlendern, nicht gehen – nein, laufen. „Und eins, zwei, drei - und eins, zwei, drei." Die wirklich Sportbegeisterten rannten, als wenn es um ihr Leben ginge. Die anderen ließen sich gemächlich zurückfallen, man kam immer noch früh genug. In der muffigen, fensterlosen Sporthalle angekommen, mussten wir uns der Größe nach aufstellen. Hier allerdings durften Jungen neben Mädchen oder umgekehrt stehen. Der Größe nach – das war mein Handicap. Ich bin nie ganz nach vorne gerannt, denn diese Position war schon mehrfach vergeben. Unter den ersten fünf bis zehn hatte ich nichts verloren. Also stürzte ich mich gleich aufs Mittelfeld. Aber auch hier war nicht mein Platz und so reichte man mich liebevoll, das ist meine heutige Beschreibung für das damalige rücksichtslose Schubsen, weiter und weiter bis – ja bis zum Ende. Es war noch etwas hin bis zu diesem Ende, denn immerhin waren wir 42 SchülerInnen in unserer Klasse. Am Ende angekommen, entbrannte noch ein kleiner Kampf um die Plätze, wie Sportler zu sagen pflegen. War ich nun Letzter oder doch noch Vorletzter? Diesen Kampf musste ich mit unserer Schlauen ausfechten, die, wie ich, klein und mollig war. Gott sei Dank mussten wir diese Frage, wer denn nun als Letzter zu stehen habe, nicht alleine klären. Schnell und unaufgefordert stellten sich von den Großen oder normal Gewachsenen etliche als Jury zur Verfügung. Sie postierten sich ungefragt vor uns auf, gingen mit ihren Augen durch das Einbeugen ihrer Knie auf ungefähre, was sage ich, auf genaue Sichthöhe, peilten uns mit gerümpfter Nase an, als gäbe es ein Haus oder ähnliches einzumessen, und entschieden einmütig und unmissverständlich: „Uwe ist der Kleinste"!

Von nun an brauchte ich auch nicht mehr mit Schwung und Elan bis an das andere Ende der Turnhalle zu rennen, denn der Kleinste, also ich, das war nun mehrheitlich festgestellt, hatte seinen Platz direkt vor der Tür zum Flur, durch die man die Halle betrat. Ich hatte also Zeit, konnte gemächlich hinter dem ganzen Tross herlaufen, betrat als letzter die Halle und konnte gleich stehen bleiben. Meinen Platz hatte ich erreicht; der Letzte am Ende der langen Schlange von zweiundvierzig Schülern. Da stand ich nun als Letzter und als Kleinster. Und dabei wollte ich doch eigentlich als Fußballstar berühmt werden. Ich hatte doch die ganzen Jahre, seit meinem 6. Geburtstag, täglich im Garten trainiert, und ich konnte weit schießen und auch fast genau treffen. Ich lernte „Fummeln" und Jonglieren, Passen und Ballannehmen.

Jeden Tag habe ich mir mindestens eine Stunde Einzeltraining verordnet, was überwiegend damit zusammenhing, dass ich eh immer alleine zu Hause spielte, und nun sollte alles umsonst oder vergebens gewesen sein?

Noch besser wäre gewesen, Medizinball wäre eine olympische Disziplin gewesen. Ich bin ganz sicher, ich hätte es zu einer Medaille geschafft, denn das Spiel mit dem Medizinball war mir wie auf den Leib geschrieben, womit ich schon wieder bei meiner Figur bin. Hier war meine Körperfülle ein echter Vorteil. Viele ließen den schweren Ball immer wieder fallen, weil ihr Körper viel zu fein und die Arme viel zu schwach waren. Meine Arme waren auch schwach, aber zusammen mit meinem „Body" war ich eine richtig gute „Fangmaschine". Beim Medizinballspiel hatte ich auch meinen persönlichen Durchbruch zur Ernsthaftigkeit meiner kleinen Person. Ich wurde wichtig. Man mochte mich, man brauchte mich. Auf einmal riss man sich sogar um mich, und ich war auch wirklich gut. Meistens wurde ich Kapitän der Mannschaft, die mich gewählt hatte, und mit den „3 Leben", die man als Kapitän hatte, haben wir sehr, sehr oft gewonnen. Wenn wir Medizinball gespielt haben, hatte ich auch Freunde, die mir auf die Schultern klopften oder mich sogar auf ihren Schultern trugen, obwohl ich nicht der Leichteste war. Aber wann spielten wir denn schon mal Medizinball? Doch höchstens alle vier bis sechs Wochen und auch nur, als wir noch relativ klein oder jung waren.

Nicht so beliebt und begehrt war ich bei anderen Mannschaftssportarten, z.B. beim Fußball oder beim Handball. Wenn es hier darum ging, Mannschaften zu bilden, wurden die beiden ersten aus unserer Schülerschlange beim Namen gerufen, stellten sich in die Mitte und durften per „Piss-Pott" entscheiden, wer die erste Wahl hatte. Danach ging es dann immer abwechselnd, bis sie so zu den letzten sechs bis sieben ihrer Kollegen kamen. Waren erst die Guten alle verteilt, durfte irgendeine Mannschaft immer den schäbigen Rest haben, auch wenn sie dadurch oft drei oder vier Spieler mehr in ihrer Mannschaft hatten. Außer beim Medizinball, gehörte ich immer zu diesem Rest. Für den normalen Hallensport wie Reck, Barren, Bock, Sprossenwand, Kletterseil oder Bodenturnen war ich nicht geboren. Nicht nur, dass er mir nicht lag, er hat mich sogar richtiggehend krank gemacht. Wenn z.B. die Winter-Bundesjugendspiele angesagt waren, bekam ich regelmäßig Magenschmerzen, Kopfweh und Angstzustände. Ich habe darüber eingehend geklagt, aber genützt oder geholfen hat es mir nicht. Für 42 Punkte gab es eine kleine, für 75 Punkte eine große Urkunde. Wenn ich mal wirklich gut war, und dann habe ich mich schon riesig gefreut, landete ich so bei 30 Punkten. Mal zwei mehr oder zwei weniger.

Für die Klassenmannschaft war ich immer der so genannte Risikofaktor. Meine Leistung hat immer das Gesamtergebnis der Klasse geschmälert. Aber auch unsere Schlaue leistete hierzu ihren Beitrag. Die hat wirklich, was Sport angeht, gar nichts gekonnt. Aber eine fünf oder sechs wagte ihr kein Sportlehrer zu geben, das hätte das Gesamtzeugnis, sonst alles Einser, getrübt.

Als ich einmal nicht an diesen Winterspielen teilnehmen konnte, weil ich mir wirklich meinen Fuß verstaucht hatte, bekam unsere Klasse im Gesamtreglement auch eine Urkunde, denn als Nichtteilnehmer konnte man das Ergebnis ja nicht beeinflussen. Hurra!

Bevor ich von meinen „Kapriolen" im Freien, im Stadion erzähle, verbleibe ich noch für ein paar Eindrücke in der Sporthalle. Ich könnte über meine sportlichen Aktivitäten seitenweise schreiben und würde nie alles erzählen können, was ich in zehn Schuljahren im Sportunterricht erlebt und erlitten habe.

Ein paar Dinge sind mir aber so im Gedächtnis hängen geblieben, dass ich sie hier kurz und knapp folgen lasse. Ich weiß gar nicht, womit ich anfangen soll. Alle Geräte waren schrecklich und ich habe sie als die wahrsten Folterinstrumente in schlechtester Erinnerung. Da war z.B. die Sprossenwand. Es ist doch wohl nicht schwer, sich vorzustellen, wie ich mich mit meiner rundlichen Figur und übergewichtig an, auf oder hinter den Sprossen bewegt habe. Dass ich immer Probleme mit dem Rauf- und Runterklettern hatte, war dabei noch das kleinste Übel.

Am Schrecklichsten war es hinter der Sprossenwand. Der Abstand zwischen Holzstangen und Hallenwand war einfach zu eng. Mein Zustand als solcher ist schnell beschrieben: Der Bauch scheuerte an den Holzstangen, der Rücken an der rauen, ungeputzten Turnhallenwand. Da konnte man einfach nicht schnell sein. Ich war schon froh, dass ich mich da nicht gänzlich festgeklemmt habe, sondern immer noch wieder herausgekommen bin. Wenn man dann noch meine sportlichen Fähigkeiten oder Möglichkeiten hier an der Sprossenwand mit dem mannschaftlichen Kampf der gebildeten Schülergruppen in Verbindung bringt, dann liegt das Ergebnis wohl auf der Hand: Der Schwachpunkt im Team war Uwe! Und wie heißt es heute in einer TV-Show? Der Schwächste fliegt! Wäre ich bloß geflogen, rausgeflogen oder weggeflogen – aber so galt es durchzuhalten bis zum letzten Augenblick. Besonders nett von unserem Lehrer war es, dass alle Schüler zu warten hatten, bis der letzte wieder in Reih' und Glied stand. Alle warteten andächtig auf mich. Die meisten meiner Mitschüler haben sich dann immer auf den Boden oder auf die Bank gesetzt, wahrscheinlich konnte keiner von ihnen so lange stehen. Aber irgendwann kam ich auch.

Was ich hier so spaßig von der Sprossenwand erzähle, ist mir damals bei weitem nicht so spaßig vorgekommen. Und was für die Sprossenwand gilt, das gilt auch für die anderen „tollen" Geräte, die wir in unserem Sportunterricht einsetzten. Von jedem Gerät könnte ich eine eigene Geschichte erzählen. Ehrlich gesagt, mehr als eine.

Am Reck zum Beispiel. Es lag mit Sicherheit wieder an meinen Pfunden oder an meinen schwachen Armen, dass, im Gegensatz zu allen anderen, ich mich an dieser widerlichen Stange nicht hochziehen konnte. Felgaufschwung oder -abschwung waren Worte, die mir das Blut in den Adern gefrieren ließen. Zugegeben ich habe oft von mir als einem Helden geträumt, aber Geräteturner wollte ich nie werden.

Im Vorfeld zu den wieder einmal anstehenden Winterbundesjugendspielen wurde intensiv am Reck geübt. Vorwärtsrolle, Felgaufschwung und so weiter, und so weiter. Bei mir begannen die Schwierigkeiten schon vorher. Wie überhaupt auf das Reck kommen? So wie bei den anderen, mit dem notwendigen Schwung oder der vorhandenen Kraft, klappte es bei mir nicht. Und dann passierte es – bis heute unvergessen – ich wurde am

Reck ein „ganz Großer". Nach Rat und Hilfe Ausschau haltend, standen Lehrer und Schüler vor den beiden braunen Holzbalken mit der dazwischen eingebauten Stange. Das Gerät stand bereit für meinen sportlichen Einsatz. Mit anderen Worten: Ich war dran. Aber wie auf die Stange kommen? Das war doch die Frage, die nicht so einfach zu lösen war. Nicht das jetzt jemand denkt, ich wäre sooo dick gewesen, aber vier meiner lieben Mitschüler ergriffen mich und wollten mich an die Stange hängen. Dazu grabschten sie albern und verarschend an mir herum. „Wir schaffen es nicht, er ist zu schwer", stöhnten sie im Chor, „Hilfe, er ist zu schwer, wir schaffen es nicht".

Unser Lehrer hat sie jedenfalls ernst genommen und kam zumindest ihnen zur Hilfe. Und jetzt kommt der Augenblick, wo ich das erste und einzige Mal in meinem Leben auf einem Siegerpodest stand. Wir hatten nebenan im Geräteraum wirklich ein Holzpodest, das mit Samt überzogen war, und immer am Ende der Spiele als Siegerpodest genutzt wurde. Das war die Lösung. Zügigen Schrittes lief der Lehrer in den Geräteraum, holte das Podest und platzierte es so vor dem Reck, dass ich mich darauf stellen konnte, und so tatsächlich an die Stange reichen konnte, und dass ich es mit einem kleinen Hüpfer schaffte, mich in den Armstütz zu bringen. Geschafft. Prasselnder Applaus von allen Seiten. Bei meinem anschließenden Umschwung waren dann wieder viele hilfreiche Hände zugegen, die dafür sorgten, dass ich nicht abstürzte. Mit vereinten Kräften war die Übung vollbracht und abgeschlossen. Zum allseitigen Vergnügen unserer Klasse hatte man es geschafft, mich einmal um die Stange zu drehen.

Die Schlaue, die die gleichen Schwierigkeiten hatte wie ich, saß teilnahmslos auf der Bank und brauchte sich nicht zu quälen. Sie hielt, mit anderen Mädchen, ein kleines Büchlein in der Hand, das ihnen allen bescheinigte, dass sie gerade heute nicht turnen konnten. Meine Frau hat mir später erklärt, dass es sich um ein Menstruationsbüchlein gehandelt haben muss, aber eine Erklärung zu meiner Zeit – sechste, siebte Klasse – hätte mir auch nichts gesagt.

Immer wieder habe ich versucht, mich als Turner doch noch zu beweisen. Ich wollte die Klassenurkunde nicht „versauen", wollte auch einer sein, der bewundert und beklatscht wird, wollte auch so gerne einer sein, der von seinem Lehrer in den Arm genommen wurde und die Worte hören durfte: „Wenn wir dich nicht hätten." Die Worte hätte man mir durchaus auch sagen können, sie hätten dann aber sicherlich einen auf Erlösung hoffenden Klang gehabt.

Das Ereignis am Reck hat mich latent bis heute verfolgt, tatsächlich aber hat es mich noch ungefähr drei Wochen wirklich beschäftigt. Ein blauer Fleck, oder besser gesagt ein blauer Streifen, ein Bluterguss, war das Ergebnis meiner unbeschreiblichen Leistung an diesem Gerät. Hässlich ausgedrückt hing ich ja auch wie ein nasser Sack an der Reckstange, und als die vielen Hände mich um dieselbe gezogen oder geschoben hatten, habe ich wohl meine Bauchdecke ganz schön eingeklemmt. Jedenfalls hatte ich lange gut davon, ein schmerzhafter, blauer Streifen zierte meinen molligen Kinderbauch, und das noch gerade in Gürtelhöhe, so dass ich jeden Tag merkte, wie gut meine Übung am Reck gewesen sein muss.

Gleiche oder ähnliche Erlebnisse könnte ich auch noch vom Kasten, dem Bock, den Kletterstangen oder den Knotenseilen erzählen. An allen diesen wunderbaren Sportgeräten war ich ein absoluter Meister meines Faches. Später habe ich einmal gesehen, dass man mit solchen Begabungen, wie ich sie hatte, durchaus Geld verdienen kann, als Clown im Zirkus. Diesen Schritt habe ich aber nie gewagt. Mir war nicht zum Lachen.

Draußen ist natürlich alles ganz anders verlaufen, da sah die Welt anders aus. Im Stadion gab es ja keine Sportgeräte wie in der Halle, hier waren Ballspiele angesagt, und mein Umgang mit Bällen war doch bravourös. Jetzt konnte ich noch einmal durchstarten und meine Medizinballerfolge wiederholen.

Die Nachbarklassen spielten jeden Tag, an dem Sport unterrichtet wurde, Fuß- oder Handball, Volley- oder Völkerball. Diese Ballsportarten lagen mir besser. Meine Mitschüler hätten sich alle um mich gerissen.

Einziger Fehler: Ich war nicht in ihrer Klasse. In unserer Klasse war das anders. Das lag an unserem Sportlehrer, der war anders. Er war, und ist, Träger des Goldenen Sportabzeichens, auch heute noch, im Alter von fast 80 Jahren.

So hart, wie der mit uns trainiert hat, macht er sein Sportabzeichen auch noch mit Hundert.

Ich sah jedenfalls meine große sportliche Karriere als „Ballkünstler" kommen. Anfangen würde ich in einer Schülermannschaft, dann würde man mich mitnehmen zu den Kreis-, dann zu den Landesmeisterschaften. Irgendwann wäre ich wahrscheinlich Profi geworden. Ich hätte hart trainiert, mein Bauch hätte sich in Muskelmasse umgewandelt, und die Betreuer würden wieder nach dem Siegerpodest laufen. Sie würden es vor mir abstellen, einen Schritt zurückgehen und mich applaudierend die Stufen hoch begleiten. Und dann würde mein Name in allen Zeitungen stehen. Ich hätte meinen Traum von damals, vor dem Fernseher, verwirklicht. Also, was lag näher, als unserem Sportlehrer auf die Sprünge zu helfen und ihn zu bitten, mit uns intensiv Ballspiele zu trainieren. Dabei war es mir egal, welches, Hauptsache mit dem Ball.

Es vergingen viele Sportstunden, in denen wir uns mit Leichtathletik, oder was immer das war, beschäftigten. Laufen, Weitsprung, Hochsprung und – was mir schon mehr entgegenkam – Schlagball werfen. Aber dieser Ball war mir doch etwas zu klein und zu hart. Ach ja, und Kugelstoßen und Diskuswerfen gab es auch noch.

Da unser Lehrer von alleine nicht darauf kam, welche Talente ich im Ballspielen hatte und noch zusätzlich entwickeln könnte, machte ich ihn eines Tages darauf aufmerksam: An mir sei wirklich ein Vollblutspieler verloren gegangen, ließ ich ihn wissen, und wenn wir nicht bald Ballspiele trainieren würden, sei meine Zeit wieder vorbei, und das würde ihm bestimmt irgendwann Leid tun. Die Antwort warf mich aus meiner Traumwelt des Siegers zurück in die Hölle der Realität.

„Wenn Du die 100 m in 13 Sekunden läufst, die Kugel 5.50 m stößt und 3.84 m weit springst, dann können wir mit dem Ballspielen beginnen", war seine athletische Aussage. Meine bis dahin gezeigten Ergebnisse und Maße sprachen eine deutliche Sprache gegen mich.

Aus! Vorbei! Es wird nichts mit dem Fußballprofi – meine kleine Welt brach wieder einmal zusammen. Ich habe diese Vorgaben nie erfüllt, habe nie ein Sportabzeichen gemacht und nie an einer Olympiade teilgenommen. Auch nicht an Landes- oder Kreismeisterschaften. Nicht in der Leichtathletik und auch nicht bei irgendwelchen Ballspielen.

Ach, ich könnte fortfahren mit meinen sportlichen Kapriolen, wenn nur nicht der Schmerz von damals heute noch so tief sitzen würde. Clown hätte ich werden sollen, auf diesen Beruf hatte ich mich doch scheinbar, wenn auch unbewußt, am längsten vorbereitet – ich habe es nur nie so wahr genommen.

Aber man soll ja nie aufgeben, es gibt ja Gott sei Dank noch Alternativen: den Wassersport. Schon früh hatte ich Schwimmen gelernt, was ja wohl auch kein Wunder ist, wenn man an der See oder am Meer zu Hause ist. „Fett schwimmt oben", hatten meine Eltern als Erklärung gefunden, dass es mir so gut gelang, mich schon als Kleinstkind nicht nur über Wasser zu halten, sondern sogar mit schwimmartigen Bewegungen vorwärts zu kommen. Und wenn das alles mit den anderen Sportarten nicht klappen sollte, was würde mich daran hindern, ein guter Schwimmer oder Turmspringer zu werden? Die Trainingsbedingungen waren optimal: Das Meer vor der Tür, viel Zeit und der eiserne Wille, es zu schaffen. Alles war in dieser Zeit für mich gegeben. Ich machte also, in der richtigen Reihenfolge erzählt, meinen Freischwimmer, was heute das „Seepferdchen" ist, und anschließend meinen Fahrtenschwimmer. Ein Ausweis liefert noch heute den Beweis, dass ich alles gekonnt und bestanden habe. Er steckt ganz stolz mit meinem Führerschein und einer Bestätigung des Deutschen Roten Kreuzes über meine Erste-Hilfe-Fähigkeiten in einem Kunststoffetui. Den Durchbruch als Schwimmer oder Springer hätte ich auch geschafft, wenn man nicht auch noch den blöden Jugendschein gebraucht hätte. So hieß früher die Vorstufe zum heutigen DLRG-Schwimmer-Zeugnis. Das waren Anforderungen härtester Art, die ich bei allem Wollen nicht erfüllen konnte. Soundsoweit Schwimmen, das war es nicht. Das Abschleppen eines Ertrunkenen auch nicht. Aber die nächsten zwei Aufgaben waren für mich nicht durchführbar: Tieftauchen und Weittauchen. Fett schwimmt doch oben. Was mir bei meinem Gewicht eher entgegenkam, so meinte ich, war der Sprung vom 3-Meter-

Brett. Stolz wie Oskar kletterte ich auf einen Brückenpfeiler, streckte meine Arme aus und konzentrierte mich auf einen Kopfsprung, einen „Köpper", wie wir ihn nannten, der sich sehen lassen konnte. Also los. Hoch auf den Pfahl. Den Körper gerade halten, die Arme steil nach oben gestreckt, die Kinnspitze angehoben, den Blick in die Tiefe gerichtet. So macht man einen geübten Kopfsprung von einem Pfeiler, der mindesten 3 Meter über den Meeresspiegel reicht. Jetzt kam mein Einsatz, mein Sprung, mein großer Augenblick. Das hatte man mir nun wirklich nicht zugetraut. Ich kleiner Wicht würde es wagen, aus dieser Höhe kopfüber ins Meer zu springen? Ich streckte den Körper durch und die Arme hoch, hob die Kinnspitze an und blickte hoch konzentriert und stolz in die Tiefe. Dann der Sprung – und die Landung. Ich klatschte so schwer, oder dick, wie ich war, voll mit der Bauchseite auf die Wasseroberfläche. Ein „Bauchklatscher" der Güteklasse A war vollbracht. Während man zunächst fürchterlich über mich lachte, bemerkte man doch bald, dass die Situation ernst war, und aufgeregt holte mich die DLRG aus dem Wasser, legte mich auf die Brücke, und war froh, dass ich noch atmete und bald wieder zu mir kam.

„Aber die Haltungsnoten waren gut", lobte einer der Rettungsschwimmer meine Glanztat als es mir wieder etwas besser ging.

Ich konnte darüber nicht lachen, mein Bauch tat mir viel zu weh. In den nächsten Tagen habe ich gemerkt, dass ein Bluterguss von der Reckstange nicht der Rede wert ist. Dieses Mal war die ganze Bauchfläche blau, und auch wenn man beim Lesen darüber lacht, ich wünsche es meinem ärgsten Feind nicht.

Also alles in allem: Auf dem sportlichen Sektor gab es für mich keinen Blumentopf zu gewinnen. Im Fußball oder Handball durfte ich nicht, im Medizinball oder Völkerball gab es ihn nicht, in der Leichtathletik wollte ich ihn nicht und beim Wassersport haben mir die Natur und mein Unvermögen die Grenzen aufgezeigt. Was soll das auch eigentlich mit dem Berühmtwerden im Sport? Es hatte doch schon immer welche gegeben, die, wie Churchill, behaupteten „Sport ist Mord"? Fast hätten sie Recht behalten!

ns Mischung

So bunt wie jene billigen Plastikbälle der kleinen Kinder am Strand, so bunt war auch meine Kindheit. So farbenfroh wie ein Clown – und oft auch so albern.

Eine kleine Reise durch verschiedene meiner Kindheitserlebnisse haben wir ja nun schon gemacht, und dann gibt es da immer und immer wieder Bilder, die plötzlich, ohne konkreten Grund, vor mir stehen. Alles Bilder, die in meine frühe Lebensphase hineingehören. Bilder, die einfach nicht verschwinden. Ganz besonders erinnere ich mich zurück an meine Kindheit, wenn ich sehe, wie unsere Freunde und Verwandten heute ihre Kinder erziehen.

Neulich, auf einem Geburtstag, saß neben mir eine gute Freundin von uns mit ihrer nicht ganz dreijährigen Tochter. Ich „flirtete" mit der Kleinen. Wir blinzelten uns zu, rümpften die Nasen und grapschten mit unseren Händen nach einander. So, wie wir es alle mit unseren eigenen Kindern auch getan haben. Auch unsere Eltern werden so mit uns verfahren sein. Aber an einer bestimmten Stelle fällt mir etwas auf und wird mir bewusst, was vielleicht, und jetzt drücke ich mich ganz bewusst sehr, sehr vorsichtig aus, vielleicht von unseren Eltern anders gehandhabt wurde. Aber nicht nur von unseren Eltern, auch von unseren Verwandten, Lehrern, Freunden, eben eigentlich von Allen. Vielleicht lag es an der anderen Zeit? Mir ist jedenfalls ein solches Verhalten früher nie aufgefallen – obwohl es uns bestimmt sehr wohl getan hätte. Was war denn nun Großartiges geschehen? Die Kleine, immer noch mit mir flirtend, und nebenbei Salzstangen knabbernd, griff mit ihrer kleinen Kinderhand in den gemischten Salat, den ihre Mutter vor sich auf dem Tisch stehen hatte. Wir haben übrigens auch am liebsten mit den Fingern gegessen, das hat sich bis heute auf jeden Fall nicht verändert. Aber, wie sie so vor sich hinmuffelt, ergreifen ihre kleinen Fingerchen ein Stückchen, einen kleinen Würfel roter Paprika. Stolz, es gefunden zu haben, oder weil sie es nicht mochte, hielt sie es ihrer Mutter vor die Augen und begann in ihrer Kindersprache stolz ihr Wissen zu verkünden: „Pa-pa-pa-papri...". Wie das Wort endete, habe ich schon nicht mehr wahrgenommen, weil mir der lustige Beginn, das leiche Stottern so gut gefiel. Oder war es vielleicht nur ein Suchen nach der nächsten Silbe? Fachlich kann ich diese Variante des Sprechens nicht genau beschreiben, aber durch das kleine Geplapper und die lustigen Augen bekam das Ganze für mich einen fröhlichen Touch. Um den Witz dieses gestammelten Sprachversuches noch einmal deutlich herauszustreichen, musste ich wohl mein Unterbewusstsein bemühen, oder war es wieder eine Sekunde meiner eigenen Kindheit? Jedenfalls, und ich war nicht der einzige am Tisch, lachten wir über das neu geschaffene Wort „Pa-pa-paprika". Hilfreich und unterstützend wollte ich eigentlich nur bestätigen, dass sie in der Tat recht hatte, denn es war ein Stückchen roter Paprika. Ein einfaches „Ja" hätte genügt, doch ich musste meinen ganzen Senf dazugeben, indem ich mich dazu hinreißen ließ, ihr in der gleichen Art zu antworten, und sie wissen ließ: „Ja, das ist rote Pa-pa-paprika". Ich hatte die Lacher auf meiner Seite. Aber nicht das der drei Mütter, die mit in unserer Geburtstagsrunde saßen. Als erstes bat die Mutter selbst mich, solches bitte zu unterlassen, und die anderen beiden stimmten ihr beifällig zu. Die Kleine habe in der Tat Mühe mit diesem und auch mit anderen Worten, aber wenn man immer über sie lachen würde, wenn sie solch ein Wort ausspricht, wird es sie sehr verletzen, auch wenn es im Augenblick nicht so scheint. Donnerwetter, habe ich gedacht, und war auch im gleichen Augenblick fast beleidigt. Nicht einmal Spaß kann man heute mehr ab, wobei ich mich doch so gut mit der Kleinen verstand. Sie hat es mir nicht übel genommen.

Aber solch eine Korrektur, solch eine Ermahnung geht in das eine Ohr hinein und aus dem anderen wieder hinaus. So auch bei mir. Ohne mir weitere Gedanken zu machen, beteiligte ich mich wieder am Gespräch in der allgemeinen Runde. Alle möglichen Themen wurden behandelt, wie es auf einem Geburtstag so ist.

In dem bunten Salat lagen immer noch rote Paprikastücke, die meine kleine Freundin sich eifrig heraus angelte. Und jedes mal, wenn sie wieder einen solchen „Brocken" von einem halben Kubikzentimeter gefunden hatte, tat sie es mit dem gleichen „Pa-pa..." kund. Es blieb nicht aus, dass auch ich in meinem linken Ohrenwinkel vernahm, dass wieder etwas Rotes gefunden worden war. Das hatte, bitte nur für mich, natürlich wieder zur Folge, dass ich meinen Kopf umwandte und sie noch einmal durch die Wiederholung ihrer Aussage bestätigte. Um ihr sehr nahe zu kommen, nahm ich auch den gleichen Wortbrocken noch einmal auf und ließ erneut über meine Lippen kommen, dass es in der Tat ein Stückchen „Pa-pa-paprika" sei. Da verstand die Mutter nun wirklich keinen Spaß mehr. Noch einmal, und dieses Mal schon wesentlich ernster, ermahnte sie mich, diesen Unfug zu lassen. Und der Ton von ihr wurde schärfer und härter. Auch der Blick verfinsterte sich zusehends.

Da habe ich gleich wieder an meine Kindheit gedacht. Mich hat man niemals so in Schutz genommen, nicht zu Hause, nicht in der Schule, nicht in der Lehre. Erst als ich verheiratet war, hat sich dieser Zustand plötzlich und deutlich geändert. Aber bis dahin durfte man getrost über mich lachen, ich lud ja scheinbar gerade dazu ein. Und das meine ich damit, dass unsere Generation eine andere gewesen sein muss, denn die vielen Erinnerungen an Hohn und Spott können doch nicht aus dem Finger gesaugt worden sein. Vielleicht hätte auch ich eine Mutter, einen Lehrer oder einen Lehrchef gebraucht, der den anderen einmal verboten hätte, über mich zu lachen. Aber soweit ich mich erinnere, war das nicht oder zu selten der Fall. Mag auch sein, dass gegen meine Tolpatschigkeit kein Kraut gewachsen war, man weiß ja nie. Wie auch immer, das Eintreten der Mutter für ihr Kind hat mich zwar zunächst beleidigt, aber hinterher riesig gefreut. Ab sofort fiel es mir auch wesentlich leichter, „Pa-pa-paprika" Paprika zu nennen und „Täse" Käse. Mir selbst erzählt man noch heute, jedenfalls aus dem engeren Familienkreis, dass ich auch immer statt Kaffee „Taffee" und statt Kaukau „Tautau" gesagt haben soll. Ist doch auch wirklich eine lustige Geschichte, nicht wahr? Gut ist, wenn man aus gemachten Fehlern lernt: Geh mit dem Kind so um, wie du es mit einem Erwachsenen auch machen würdest: so ehrlich, so aufrichtig, so respektvoll und so lieb. Verstärke nicht noch die Schwächen und Fehler, sondern sei eine Hilfe zur weiteren positiven Entwicklung! Auch ich will mir auf diesem Gebiet allergrößte Mühe geben, und ich glaube, das ist auch bei mir besonders wichtig, denn zu oft rutsche ich noch ab in die Ebene, Gleiches mit Gleichem zu vergelten, wobei ich gestehen muss, ich mache es wirklich nicht absichtlich, nicht um jemanden bloß zu stellen oder zu ärgern. Es sitzt so in mir drin, weil man mit mir wahrscheinlich ebenso umgegangen ist. Nun mag mancher sagen, dass wenn ich so darunter gelitten habe, dann müsste es doch das einfachste auf der Welt sein, es zu lassen. Fachleute haben mir bestätigt, dass man sehr oft gerade das in seinem Verhalten wiederholt, was einem weh getan und was einen belastet hat. Ich gelobe hiermit Besserung.

Nur so zum Vergleich, und um es mir selber noch einmal vor Augen zu führen, binde ich einen kleinen bunten Strauß meiner unvergesslichen Erlebnisse zusammen; so gesehen, eine bunte Mischung meiner erlebten Widrigkeiten aus Kindheitstagen. Nicht chronologisch wiedergegeben, nicht nach Schwere oder Wichtigkeit sortiert, einfach nur so aufgezählt, so wie sie mir gerade jetzt in den Kopf kommen. Wachgeworden durch mein persönliches Erleben mit der „Pa-pa-pa-paprika."

Fange ich also mit einer Sommergeschichte an. Es war, wie so oft in unserer Kindheit, ein heißer Sommer und wir hatten Sommerferien. So oft wir konnten, gingen wir an den Strand. Man hatte rechts vom Hafen für uns Einheimische ein Stückchen Strand abgeteilt, während der ganze andere Strand für Kur- und Tagesgäste reserviert war. Aber dieses Stückchen gehörte uns. Von unseren damaligen Mitbewohnern hatte ich eine blaue Luftmatratze geschenkt bekommen, die deren Sohn „hinterlassen" hatte, als er mit Zwanzig sein Elternhaus verließ. Eine Luftmatratze war damals etwas ganz Besonderes. Die wenigsten hatten zu dieser Zeit Schwimmflossen, Taucherbrillen oder gar ein Gummiboot. Ich gehörte jetzt zu den „Reichen", die eine eigene Luftmatratze ihr eigen nennen durften. Bis dahin hatten wir nur große, schwarze Autoreifen zum Skippern auf dem Meer. Man setzte sich mit dem Hintern in die Öffnung und paddelte seitlich mit seinen Händen, um vorwärts zu kommen. Die Einheitsfarbe dieser Kindergefährte, zumindest bei uns am Hafenstrand, war schwarz. Da hob sich meine blaue Luftmatratze natürlich wie ein Luxus-Liner oder ein Traumschiff ab. Der Luxus war: Auf der Luftmatratze konnte man sogar liegen, und wenn man sie gut aufgepustet hatte, sogar zu zweit. In dieser Zeit hatte ich auch wieder Freunde. Ich erinnere mich noch gut daran, dass wir uns immer mit etlichen Jungen und Mädchen bei der kleinen Brücke getroffen haben, um mit meiner Luftmatratze zu toben. Es entbrannte jedes Mal ein richtiger kleiner Wettstreit, wer zuerst und wer am längsten auf ihr lag. Dass es dabei oft kopfüber und kopfunter ging, hat den Spaßfaktor nur wesentlich erhöht. Aber, wie heißt es doch so schön, wo das Aas ist, da sammeln sich die Geier. Nun, ich will uns nicht als Aas bezeichnen, aber die nächsten Kameraden, die jetzt auf den Plan treten, waren durchaus wie „Geier". Es waren drei Jungen, die alle je ein Jahr älter waren als ich, also schon ungefähr 12 Jahre alt. Sie gingen in einem besonderen Anbau unserer Schule zum Unterricht. Wir nannten diesen Anbau die „Hilfsschule". Wer zweimal sitzen geblieben war oder wer aus schlechtesten sozialen Verhältnissen kam, wer schwer erziehbar oder sogar kriminell war, der kam aus dieser Schulrichtung, so hat man es uns jedenfalls erklärt. Entsprechend waren auch die Schüler dort. Egal ob Jungen oder Mädchen, die hatten alle etwas, was es in unseren normalen Klassen nicht gab. Sie wirkten und waren tatsächlich aggressiv, laut und gewalttätig, und hatten einen Sprachschatz, der ausschließlich aus „Straßendeutsch" bestand, wie unsere Eltern es nannten.

Vor diesen galt es sich in Acht zu nehmen, was man am besten dadurch erreichte, dass man sie mied. Nur ganz nebenbei, wir haben später einmal einige davon in unsere Klasse bekommen. Der Klassenlehrer war ausgefallen. Aber was soll ich sagen, die waren genau wie wir. Jedenfalls die meisten von ihnen.

Nun weiter mit der Geschichte von den drei Geiern, und dann noch das Ganze in Verbindung mit dem Sich-vor-uns-stellen unserer Eltern. Die Sonne schien, wir lagen wieder mit etlichen aus unserer Klasse am Strand, da kamen sie angeschossen, die drei. Genauso, wie man sie uns beschrieben hatte: Laut, aggressiv und gewalttätig. Die Luftmatratze sollte ich herausgeben, ich hätte sie gestohlen und sie würde ihnen gehören. Mit diesen Erklärungen kamen sie auf uns zu. Natürlich hat da ein Wort das andere ergeben, aber gegen solche Banditen hatte ich keine Chance, und die anderen hatten vorsichtshalber schon die Flucht ergriffen. Da stand ich also alleine im Kampf um meine Luftmatratze, auf die ich doch so stolz war. Den Kampf habe ich verloren. Man hat sie mir entrissen, beiseite gelegt und mit einem Pfadfindermesser aufgeschlitzt. Dann durfte ich sie zurückhaben, und lachend verzogen sich unsere drei Geier wieder. Falls die Frage jetzt laut wird, was ich denen – denn nun mal ehrlich – getan hatte, hier die Antwort: Nichts. Gar nichts. Ich war einfach ein Opfer ihrer Gewalt geworden. Und wie sich später herausstellte, nicht nur ich. Nun stand ich da mit meinem Wrack. Soeben noch seetüchtig und von allen heiß begehrt, lag sie jetzt vor mir wie eine abgetretene Fußmatte: schlaff, sandig und kaputt. Weinend lief ich mit meinem Restfetzen nach Hause und erzählte schluchzend, was geschehen war. Ob mir wohl jemand geglaubt hat? Ich lasse noch ein bisschen Zeit, um eine Antwort zu finden.

Nein, man hat mir nicht geglaubt. Ich sei mal wieder unvorsichtig und viel zu wild um die Brücke oder über die Buhnen gefahren, und dabei bleibt es ja nicht aus, dass man sich an den Muscheln alles kaputt schneidet. Selber Schuld hätte ich, und eine neue Luftmatratze würde es auch nie mehr geben. Aus. Die Frau aus der ersten Etage, die alles mitbekam, weil sie sich gerade im Hausflur aufhielt, gab ihren Segen noch dazu. Hätte sie das gewusst, dass ich so sorglos mit einem Geschenk umgehen würde, sie hätte es lieber jedem anderen geschenkt, aber nicht mir.

Da stehst du dann, zweifelst an dir und deiner Umwelt, verkriechst dich in dein Kinderzimmer, machst das Radio leise an, nimmst deinen Teddy auf den Schoß und feierst mit ihm ein trauriges Ereignis. Oder es ging ran ans Harmonium, um Trauermusik zu komponieren. Die Tränen liefen mir nur so die Wangen herunter. Oft habe ich davon geträumt, es ihnen heimzuzahlen, mich zu rächen. Ich wollte auch einmal so stark sein wie sie. Ich wollte sie greifen, festhalten und schütteln und ihnen eindringlich sagen, dass sie so etwas nie wieder tun sollten mit so kleinen, lieben Kindern. Ja, das hätte ich gerne gemacht, aber die Situation hat sich nie ergeben. Auch meine nächste Umgebung hat mir dabei nicht geholfen. Da ist es doch wohl logisch, dass bei meiner fröhlichen Bestätigung der „Pa-pa-paprika" und der nachfolgenden ernsten Ermahnung mütterlicherseits solche Bilder wieder in mir auftauchen?

Ich habe noch ein anderes Geschehen vor Augen, das zu gut zu dieser bunten Mischung passt. Das eigentlich Traurige dabei ist immer nur, dass mir alles eher als schwarz als nun unbedingt bunt erscheint. Meistens meint man mit bunt doch die Fröhlichkeit unbeschwerter Kindertage. Gut, die hatte ich wohl, aber die dunklen Momente hatte ich eben auch. Mag sein, dass sie jeder einmal hat oder hatte, aber es ist ja nicht mein Anliegen, mich als Märtyrer oder Leidender hinzustellen, sondern nur über Wunsch und Wirklichkeit meiner Kindheit zu berichten.

Es war ein Tag, an dem ich ganz groß herauskommen sollte. Man war, und das ist ja auch nicht ganz ohne, durch meine guten Leistungen im Deutschunterricht auf mich aufmerksam geworden. Wir hatten die Möglichkeit in unserer Klasse, durch eine gute, fast an unsere Grenzen gehende Leistung unsere Zensur im Zeugnis im Fach Deutsch zu beeinflussen. Da ich ins Mittelfeld abgerutscht war, sah ich es als eine gute Möglichkeit an, wieder an die Spitze zu gelangen, oder, da wir ja immer noch die Schlaue in der Klasse hatten, jedenfalls ins obere Drittel vorzudringen. Die Aufgabe war nicht leicht, aber machbar. Sie reizte mich nicht so sehr wegen ihres Inhaltes als vielmehr wegen der Zensur.

Was galt es zu tun? Es galt das Gedicht „Das Lied von der Glocke" von Friedrich Schiller auswendig zu lernen. Und das Gedicht ist wirklich lang. Wer es auswendig lernen würde, bekäme mit Sicherheit die Note Zwei. Mit diesem Köder kriegte man mich auch an die Angel. Aber es gab noch etwas drauf zu. Etwas für mich. Wer es dann noch mit guter Betonung, freistehend vor der Klasse aufsagen könnte, ohne steckenzubleiben, der bekommt eine Eins. Eine Eins, wohlgemerkt. Die bringt mich ganz weit nach vorne, dachte ich. Und ich hatte recht.

Ich lernte und lernte, stand vor dem Spiegel und übte und schaffte einen einwandfreien Vortrag vor der Klasse. Eine wesentliche Zensurverbesserung war die Folge. Mit dieser guten Leistung hatte ich nicht nur mir einen Gefallen getan, ich fiel auch meinem Lehrer auf, der mein Bemühen zum Vorzeigemaßstab für die ganze Klasse nahm. Das hatte für mich noch eine besondere Überraschung im Gefolge.

Es war die Zeit, als wir an unserer Volksschule einen neuen Anbau erhielten. Er war mindestens so groß wie unsere eigentliche Schule und streckte sich wie ein langer Schlauch von Süden nach

Norden. Der Bau war fast vollendet und es stand die feierliche Einweihung bevor. Diese Einweihung des neuen Traktes sollte ein ganz großer Tag für die Schule werden und für die Stadt und alle Bürger natürlich auch. Einen Festakt wollte man daraus machen. Richtig feierlich, mit vielen Reden, viel Musik und bunten Fahnen. Ehrengäste sollten kommen, eine Blaskapelle den musikalischen Rahmen bilden, und eine Trachtengruppe sollte tanzen. Die tanzten immer, wenn irgendwo in der Stadt etwas los war. Und ich sollte meinen großen Auftritt haben, einen Auftritt, von dem ich eigentlich mein ganzes Kinderleben, bis zu diesem Tag, geträumt hatte.

Man hatte mich erkoren, die Festgäste, die Handwerker, die Lehrer und alle Bürger, groß und klein, mit einem Gedicht zu begrüßen, welches ich, natürlich auswendig und vom Rednerpult aus, das man in den zweiten Stock gehievt hatte, aufsagen sollte. Ein Willkommensgruß aus Kindermund. Aus dem Kindermund, der als einziger die ganze „Glocke" auswendig gelernt und fachgerecht mit der richtigen Betonung vorgetragen hatte. Von dem, der immer als der Kleine galt, als der Moppelige, und der sonst immer seinen Platz irgendwo ganz hinten hatte, wie im Sportunterricht. Dieser Kindermund, nämlich meiner, war nun derjenige, der das ganz große Fest eröffnen sollte.

Wie oft bei solchen großen Anlässen schien die Sonne und heller blauer Himmel hatte sich über unserer Schule breit gemacht. Das im Bau befindliche Schulgebäude war eingerüstet und oben, im zweiten Stock, hatte man eine Plattform gezimmert, die etwas nach vorne überstand. Damit man das rohe, hässliche Holz nicht sah oder eben aus dem feierlichen Grund, dass so viele Politiker und Ehrengäste anwesend waren, hatte man die Plattform rund herum mit Fahnen abgehängt und geschmückt. Das war ein schönes, erhabenes Bild. Blauer Himmel, bunte Fahnen und so viele, so viele Menschen, die sich alle vor dem Neubau postiert hatten und ihre Köpfe zu uns empor hoben. Der Festakt begann. Die Blasmusik spielte und wir wichtigen Leute betraten den Balkon. Man hatte uns extra im Inneren des Neubaus einen Weg gebaut, damit wir unbeschadet und ohne uns dreckig zu machen an das Rednerpult gelangen konnten. Zuerst der Direktor, dann ich! Er hielt mich nämlich an der Hand. Entweder, weil ich so klein war und nicht runterfallen sollte, oder weil ich so wichtig war. Nach mir folgte der Landrat, danach der Bürgervorsteher, danach der Bürgermeister und danach noch zwei Lehrer, ein paar kleine Politiker und ein Mann fürs Mikrofon. Man nahm mich und alle, die etwas vortragen oder sprechen sollten, noch einmal beiseite. Regiebesprechung. Wer zuerst dran ist, wer danach, wann die Musik spielt, wann die Trachtengruppe tanzt, wann Schluss ist. Alles sollte nach Plan verlaufen. Nur keine Panne. Programmpunkt Nr. 3 war ich. Zum Ablauf: Zuerst begrüßt der Direktor alle Anwesenden ganz herzlich. Dann die Blasmusik. Danach trete ich an das Mikrofon und sage mein Gedicht auf. Drei Strophen, laut und deutlich, und immer schön lächeln. Dann tanzt die Trachtengruppe und dann geht es weiter im Programm.

Ja, das wollte ich machen – laut und deutlich sprechen und immer schön lächeln. Schließlich würden mich ja Tausende, ach nein, aber immerhin ein paar Hundert sehen, hören und beklatschen. Ich würde mich verneigen, und mein Name hätte sich in alle Hörer und alle Lehrer und in das Bewusstsein des Direktors eingegraben. Kein Wunder, dass in den letzten Tage so viele meiner Mitschüler neidisch auf mich waren, aber da mussten sie nun mal durch. Geschah ihnen auch recht so, lange hatte ich schließlich im Abseits gestanden, und oft war sogar gar nichts von mir zu sehen gewesen. Der Direktor war fertig. Noch ein letztes Mal fragte er mich, ob bei mir alles klar sei. Sicherheitshalber erkundigte er sich noch, ob ich für den Fall, dass ich wider Erwarten stecken bleiben würde, meinen Text dabei hätte. Kein Problem, keine Sorge – ich hatte ihn mit. Um mir letztlich jegliche Angst zu nehmen, schlug er, während die Blasmusik meinen Auftritt vorbereitete, vor, das Manuskript doch – nur so für alle Fälle – auf das Rednerpult zu legen. Sicher ist sicher, und schaden könne so etwas nie. Ich faltete das DIN A 4 große Blatt auf und legte es, nachdem ich es mit meinen Händen noch glatt gestrichen hatte, sorgsam in Nasenhöhe auf das Pult. Dann ging es los. Die Musik verstummte. Ich wartete den wohlverdienten Applaus für die Blaskapelle ab, trat an das mit Flaggen geschmückte Rednerpult und begann meine Ansprache. Es herrschte völlige Stille, als ich meine kräftige Knabenstimme erhob und laut und langsam in das Mikrofon sprach. Auch das geforderte Lächeln hatte ich nicht vergessen.

„Verehrte Freunde, verehrte Gäste, wir begrüßen Sie zu diesem Feste."

Gerade wollte ich mit der zweiten Zeile fortsetzen, als die um mich herum Stehenden ein ansteigendes Gemurmel aus der Zuhörerschaft wahrnahmen. Ich war viel zu aufgeregt, um das zu bemerken und wollte gerade meinen Vortrag fortsetzen, als der Direktor sich schlagartig neben mich stellte und die Worte „einen Augeblick, bitte" so dazwischen sprach, dass ich erstaunt zu ihm aufsah und meinen Vortrag unterbrach.

„Du bist zu klein", flüsterte er mir ins Ohr, „man kann dich von unten nicht sehen."

Das war ja nun wirklich kein Wunder, wie sich bald herausstellte. Das Pult war ungefähr einen Meter hoch, da wo ich es mit meinem Bauch berührte, und vorne noch ca. 10 cm höher, weil die eigentliche Pultplatte leicht schräg nach vorne anstieg, damit man sein eventuelles Manuskript besser lesen konnte. Dahinter ich, mit fast 1.40 Meter Lebensgröße. Hätte alles auf einer geraden Ebene stattgefunden, hätte man mich auch gut sehen können, aber da oben im zweiten Stock? Schließlich standen die Zuhörer ja etliche Meter unter uns. Da war es ihnen von da unten natürlich unmöglich, mich, den Kleinen, oben hinter dem Pult und hinter den Fahnen zu erblicken.

Aber jedenfalls mein Vortrag muss gut gewesen sein, denn nun sollte es weitergehen. Der Direktor griff mir plötzlich von hinten unter die Arme und hob mich mit einem Ruck so hoch, dass ich lebensgroß auf der Pultfläche stand. Nun war ich wirklich der Größte von den Rednern und wurde von allen gut gesehen. Schon für diesen Akt bekam ich riesigen Applaus. Dann sollte ich noch einmal von vorne anfangen. Die erste Zeile klappte genau so gut wie beim ersten Mal, und die erste ganze Strophe war bald gesprochen. Aber nun beim Hinuntergucken stellte ich fest, wie unheimlich viele Menschen da standen, und bekam schlagartig Hemmungen. Mein Kopf schwoll an, meine Schläfen fingen an zu klopfen und meine Handflächen wurden nass. Die Folge war, dass ich den Anfang der zweiten Strophe nicht mehr im Kopf hatte und ins „Schwimmen" geriet. Gott sei Dank hatte der Direktor vorher an solche Vorkommnisse gedacht und mir den Tipp gegeben, mein Manuskript auf das Rednerpult zu legen. Da lag es auch, und ich stand mit beiden Füßen oben drauf. Als ich in meinem Text stockte, wurden alle Umherstehenden aufgeregt und blickten mich suchend und fragend an. Ob denn keiner wüsste, wie es weiterginge, wollte der Direktor wissen, aber niemand wusste es. Ich schob inzwischen meine braunen Lederschuhe hin und her, und versuchte, den weißen Zettel von meiner darauf stehenden Person zu befreien. Alles unter mir verschob sich, alles zerknüllte bei dem gut gemeinten Versuch. Mein Auftritt da oben muss aber trotzdem gut gewesen sein, denn die vielen Zuhörer fingen an zu lachen, zu klatschen und dann wieder zu lachen. Auch den Herren um mich herum ging es da wieder besser, hatte doch alles einen fröhlichen Fortgang genommen.

„Er steht auf seinem Zettel", gab der Direktor in einer Art Regierungserklärung an „das Volk" weiter. „Aber gleich haben wir es". Dann wurde ich noch einmal angehoben, ein Lehrer zog den geknüllten Zettel hervor und reichte ihn mir nach oben, und der Direktor setze mich wieder ab. Ich verlas den Rest des Gedichtes. Diesmal schnell und ohne Betonung und war froh, als alles vorbei war. Der Applaus war der gleiche, als wenn ich meine Aufgabe brillant gelöst hätte, aber ich wurde das Gefühl einer großen Peinlichkeit nicht los. Noch während der Landrat sprach, nahm ich Reißaus, kletterte das Gerüst hinunter und verschwand.

Der Schulneubau hat nicht lange gehalten. Man hatte am Bau gepfuscht und schon nach fünfzehn Jahren hat man ihn wieder abgerissen, weil er baufällig geworden war. Mit dem Schulgebäude verschwand auch die Peinlichkeit dieses meines großen Auftritts.

Wenn ich heute an jenem Ort vorbei gehe, erzähle ich ganz freudig von meiner großen Tat. Hätte nicht viel gefehlt, und ich wäre der wirkliche Kinderstar dieses Festtages geworden.

Zu meiner bunten Mischung von solchen oder ähnlichen Erlebnissen gehören noch viele andere. Manche aus der Schulzeit, welche aus der Freizeit und selbst Einiges aus der Familie. Es gäbe noch so viel zu erzählen, aber im Endeffekt enden sie irgendwo alle gleich, nämlich mit Pleiten, Pech und Pannen. Hätte man diese glorreichen Momente alle auf Video gebannt und an das Fernsehen geschickt, ich hätte nicht nur den „Goldenen Raben der Woche" gewonnen, sondern einen für meine ganze Kindheit bekommen. Demütigungen und Lachsalven gab es auch am Tage meiner Konfirmation und sogar am Tage meiner, unserer Hochzeit. Da das aber alles nicht direkt in meine Kinderzeit fällt, möchte ich davon nicht oder erst in einem anderen Buch berichten. Ganz zu schweigen von der Bundeswehrzeit, auch wenn diese bei mir, durch Krankheit bedingt, nur einen Monat statt damals achtzehn Monate dauerte. Aber wenn ich nur den Grund erwähne, warum ich beim Bund nach dieser kurzen Zeitspanne entlassen worden bin, wette ich, wird gleich wieder gelacht. Wetten? Akuter Zahnverfall! Und das mit 19 Jahren. Kein Mensch glaubt es mir heute, und wenn ich es ihm anhand meines Wehrpasses beweise, dann kann er ein Schmunzeln nicht verkneifen. Akuter Zahnverfall? Nicht zum Lachen war für mich die Zeit der Bekämpfung dieses Zahnverfalls, und als fast zahnloser Jugendlicher ist man auch schon wieder ein gefragtes und begehrtes Objekt für Witze und für Spott. Ganz abgesehen davon, dass diese Phase meines Lebens sehr schmerzreich war.

Wenn ich jetzt noch meine ganze Krankheitsgeschichte und meine Erlebnisse, die sich um meine „Kauleiste" ranken, erzählen würde, würde ich wieder etliche Seiten füllen. So lapidar sich das alles anhört, aber auch der frühe, fortschreitende Zahnverfall hat sich in mein Leben eingeprägt. Er hatte letztlich Auswirkungen bis in meine erste Freundschaft, meine erste große Liebe nach der Pubertät, hinein. Man kann dazu gerne meine Frau befragen. Aber das gehört hier nicht mehr hin.

Die bunte Mischung könnte noch viel, viel bunter sein, aber ich möchte nicht den Eindruck erwecken, als sei mein Leben nur hart und bitter gewesen, es gab auch manchen schönen Tag.

Auch für mich als Kind.

Lehrjahre sind keine Herrenjahre

Wie gut, dass man in seinem Leben auch einmal größer und erwachsener wird und heranwächst zu einem Jugendlichen, zu einem Mann. Dass der Augenblick kommt, an dem man sich einen Beruf wählt, sich eine Frau sucht – und eine richtige Familie gründet. Es war so wichtig in meinem Leben, diesen lachhaften Kindertagen endlich zu entfliehen. Deshalb stand für mich relativ früh fest, ich werde meinen Wohn- und Heimatort auf jeden Fall verlassen und hinaus in die große, weite Welt ziehen. Eines Tages vielleicht sogar bis nach Amerika oder Afrika. Gereizt hätte mich auch die Aufgabe als Entwicklungshelfer. In meinen jungen Jahren habe ich einmal einen Menschen kennen gelernt, der als ein solcher in Afrika tätig gewesen ist. Genau in demselben Beruf, den ich erlernt habe. Aus gegebenem Anlass habe ich mit ihm ein paar Tage zusammengearbeitet. Der Typ hat mich begeistert. Er war verheiratet und hatte zwei Kinder und hatte sich jetzt für seine Familie und gegen das Abenteuer eines Entwicklungshelfers entschieden. Alle Hochachtung, dachte ich, ohne schon zu ahnen, dass eine solche Entscheidung wahrscheinlich in ähnlicher Form auf jeden von uns einmal zukommt. Aber damals habe ich sie eigentlich nicht verstanden. Alles das aufgeben, was er mir so abenteuerlich, so lebendig geschildert hatte? Und das nur wegen einer Frau und eventuell hinzukommender Kinder? Ich sehe noch, wie er seinen Arbeitsplatz gestaltet hatte. In seinem kleinen gläsernen Büro sah es aus, wie im Dschungel. An den Fenstern und überall, wo sonst noch Licht hinkam, standen Blumen. Dabei ist Blumen sicherlich nicht der richtige Begriff, sie sahen alle eher aus wie Schlingpflanzen. Tarzan hätte sich hier bestimmt sehr wohl gefühlt. Das Mobiliar war einfach und schlicht und lange nicht so protzig, wie damals bei unserem Schuldirektor, bei dem alles aus Mahagoni war. Hier sah es eher aus, als wäre IKEA oder der Sperrmüll der Lieferant gewesen. Aber ich fand, es hatte Stil. An den Wänden hingen viele, viele Mitbringsel aus dem schwarzen Erdteil: Masken, Tücher, Teppiche, Seile, Lederlappen, Federn und vieles andere mehr. Auf den wenigen Schränken, aber dafür um so mehr auf der Erde, wimmelte es von Figuren, die Menschen und Tiere darstellten. Manche aus Holz in verschiedenen Farben und Maserungen und viele aus Elfenbein. Eine Hexenküche hätte nicht anders aussehen können. Und was noch aufregender war, war der Mann selbst. Ich schätze ihn so auf Mitte Dreißig. Dünn von Gestalt und auch nicht gerade riesengroß. Seine Kleidung könnte man eher mit dem Wort Klamotten bezeichnen, denn was er so am Leibe trug, hatte mit europäischer Norm wenig zu tun. Er war so ein Zwischending zwischen Gildo Horn und Lederstrumpf. Aber auf mich als jungen Menschen, der in die weite Welt hinaus wollte, wirkte er faszinierend, geradezu einladend und ermutigend. Ja, so würde ich auch bald aussehen, wahrscheinlich zum Schrecken meiner Eltern und Freunde. Und ich würde auch erzählen, wie es mir so im Urwald Afrikas ergangen ist. Es kamen noch weitere exotische Dinge hinzu, die mein Jungenherz höher schlagen ließen. Überall rauchte oder qualmte es, und es roch so – ja so – ich weiß gar nicht, wie ich das genau beschreiben soll, aber es war ein Duft, der irgendwie geheimnisvoll auf mich wirkte. Bei genauerem Hinsehen sah ich, dass in allen Blumentöpfen und Aschenbechern, die mit Sand gefüllt waren, Räucherstäbchen steckten, die so vor sich hinräucherten. Der Mann hat mir dann auch alles genau erklärt. Er hat behauptet, dass alles ungefährlich, ja, im Gegenteil sogar eher gesund sei, denn es würde sich in allen Fällen um Ritualutensilien aus Afrika handeln – so würde man dort eben leben. Der Rauch, der Duft und das ganze Arrangement würden positiv auf den menschlichen Organismus wirken, und darum könne er auch zum Beispiel 24 Stunden und mehr hintereinander durcharbeiten, ohne müde zu werden. Er habe immer einen klaren Kopf für neue Ideen, und Stress oder Ärger, Hetzen und Hasten oder Termindruck und Ähnliches kenne er nicht. Als er mir dann noch erzählte, unter welchen Bedingungen und mit welchen technischen Mitteln dort im anderen Erdteil gearbeitet wird, war meine Entscheidung gefallen: Ich gehe nach Afrika. Es war nur im Augenblick noch eine Frage des Zeitpunktes.

Als nach Beendigung meiner Schulzeit meine Lehre begann, habe ich daran noch nicht gedacht. Immerhin schon sechzehnjährig hatten mir meine Eltern eine Lehrstelle in einer mittleren Großstadt besorgt. Wie gesagt, sie haben mir die besorgt, nachdem ich mich kurz entschlossen für einen Beruf entschieden hatte. In der Tat, meine Berufsplanungen, die sich über etliche Jahre hinzogen, und schon mit dem Eintritt in die Realschule begannen, habe ich nicht realisiert. Diese letzten vier Jahre meiner Schulzeit waren auch eine Zeit kühnster Träume. Nachdem ich mich mit guten bis sehr guten Leistungen an der Spitze gehalten hatte, begann ich mein weiteres Leben zu überdenken. Das Fach Chemie lag mir gut, und da war es auch nicht verwunderlich, dass ich davon träumte, Chemielaborant zu werden. Schon immer haben mich die vielen Pulver und Gläschen sehr interessiert. Dazu noch der weiße Kittel; das war mein Bild eines Chemikers. Im Geiste sah ich mich irgendwo in einem Labor forschend tätig sein. Ich würde etwas finden oder erfinden, was die Welt bis dahin nicht kannte. Der Nobelpreis für Chemie war die logische Konsequenz. Eines Tages würde ich also nach Stockholm fahren, um mir dort den wohlverdienten Preis abzuholen. Nicht allein das Preisgeld, auch die damit verbundene Öffentlichkeit war ein gern gesehener und willkommener Nebeneffekt. Es wäre sicherlich auch alles so eingetreten, wenn, ja wenn ich nicht an einer entscheidenden Stelle meines Lebens Pech gehabt hätte.

Bereits in der zehnten Klasse angekommen, galt es jetzt nur noch, das letzte Schuljahr zu meistern. Das galt auch für den Chemieunterricht. Wie jedes Jahr, das wusste ich genau, kam jeder aus unserer Klasse zweimal dran, sich mündlich über ein Thema auszulassen. Wenn man unserem Lehrer trauen konnte und er es wie immer machte, ging er in der alphabetischen Reihenfolge der Vornamen vor. Da meiner mit „U" begann, hatte ich noch etwas Zeit. Darauf hätte ich mich nicht verlassen sollen. Bereits am nächsten Tag war ich dran.

„Also, Uwe, erzähle uns doch bitte etwas über die Entstehung des Erdöls!", forderte der Lehrer mich überraschend auf. Das Thema kannte ich wohl, allein ich hatte mich nicht vorbereitet. Über ein immer wieder kehrendes „Äh, äh" kam ich nicht hinaus.

„Danke, setzen – das reicht", beendete der Lehrer meinen wortkargen Vortrag. „Ich hoffe nur, du reißt deine heutige 5 noch durch eine gute Leistung beim nächsten Mal heraus." „Hoffentlich", seufzte ich leise vor mich hin. Die ganze Klasse staunte, wie es mich da erwischt hatte, und dabei hatte ich ihnen doch schon erzählt, wie mein weiterer Lebens- und Berufsweg aussehen würde. Als wenn es nicht stimmt, dass ein Schicksal selten allein kommt. Mein nächstes Unglück ereilte mich nur vier Tage später. Wieder Chemieunterricht und wieder das Thema Erdöl. Was keiner für möglich hielt, und was ich heute als schiere Schikane betrachte, trat ein. Noch einmal musste ich ran. Ich hatte natürlich das Thema schon gänzlich abgehakt, denn es war bis dahin nie vorgekommen, dass einer von uns zweimal hintereinander dran gekommen ist. Und deshalb wusste ich auch nicht mehr als beim ersten Mal, und auch das Ergebnis war dasselbe. Ein halbes Jahr später kam dann noch die Quittung für mein Versagen, die meine Eltern nicht gerade sehr erfreut hat, ein Blauer Brief. So etwas wie eine Abmahnung. Da ich in zwei Fächern abgemahnt wurde, über das andere Fach erzähle ich gleich noch, war mein Schulabschluss gefährdet. Das war nicht nur für mich Besorgnis erregend, sondern für meine Eltern sogar skandalös. Von nun an brauchte ich mir über Stockholm und den Nobelpreis für Chemie keine Gedanken mehr zu machen. Nach der nicht gerade aufmunternden Feststellung meiner Eltern, so würde es nie, nie etwas werden, war Chemie für mich gestrichen.

Ganz ähnlich war es mit meinem zweiten Traum, den ich parallel dazu träumte, weil man ja als Jugendlicher viele Träume gleichzeitig hat. Zu gerne wollte ich auch Journalist werden. Zunächst bei einer Tageszeitung, vielleicht sogar bei unserem Heimatblatt, dann bei einer großen Zeitung oder Illustrierten mit Millionenauflage, und dann als Korrespondent beim Fernsehen. Vielleicht eines Tages als Auslandskorrespondent in Moskau oder Washington. Viele Fähigkeiten, die dazu notwendig waren, besaß ich wohl auch. In Deutsch war ich recht gut, Aufsätze konnte ich sehr gut schreiben, immer kreativ und einfallsreich, und reden, na ja, reden war schon immer eine Stärke von mir. Was lag also näher, als als Journalist berühmt zu werden? Auch das hätte geklappt, wenn, ja wenn nur mein Englisch perfekter gewesen wäre. Selbst mir leuchtete ein, dass es wohl besser ist, wenn man als Auslandskorrespondent in Washington ein gutes Englisch spricht. Und für Moskau wiederum war die Ausgangssituation noch schlechter, denn Russisch beherrschte ich gar nicht. Ich hatte mir mittlerweile schon viele Unterlagen über den Journalistenberuf zuschicken lassen. Die Heimatzeitung wollte mich auch ausbilden, so weit, wie es da eben ging, und dann würde ich durchstarten. Aber, wie schon erwähnt, mein Blauer Brief mahnte mich in zwei Fächern ab, und das war eben neben Chemie noch Englisch. „Wer nicht einmal Englisch kann, der wird es mit Latein, Französisch oder Russisch überhaupt nicht packen", war die einleuchtende Feststellung meiner Mutter. Das sah ich auch so. Vorbei war es nun für mich auch mit Zeitung und Fernsehen.

Aber was sollte denn nun aus mir werden? Vater schlug vor, in seinen Beruf einzusteigen, und da er Buchdrucker war und eine eigene Druckerei besaß, waren die Würfel schnell gefallen. Nur ausbilden, das wollte er mich selber nicht. Sein Sohn sollte eine gute, straffe Ausbildung erfahren, und deshalb hat er mir auch meine Lehrstelle selber ausgesucht. Nicht am Ort und im väterlichen Betrieb, sondern in einer relativ großen Stadt, ungefähr 60 Kilometer von meinem Elternhaus entfernt.

Es ist ja üblich, dass Eltern ihren Kindern, wenn sie in die große weite Welt hinausziehen, immer auch gute Ratschläge mit auf den Weg geben. Schön artig und gehorsam soll man sein, immer freundlich bleiben und alles annehmen, was einem Erwachsene sagen würden. Neben diesen „Evergreens" unter den Verhaltensregeln bekam ich noch ein Wort mit, dass ich in meiner Ausbildung so oft gehört habe, wie kein anderes, nämlich: Lehrjahre sind keine Herrenjahre. Es hat wirklich nicht viel gefehlt, und ich hätte es am Ende meiner Lehrjahre singen können.

Nur mir war am Ende meiner Ausbildung nicht zum Singen. Die Gründe dafür sind vielfältig. Den einen oder anderen möchte ich schildern und sie anstelle vieler anderer exemplarisch verstanden wissen.

Das Endergebnis schon einmal vorweg. Ich habe meine Lehre durchgehalten, abgeschlossen und meine Gesellenprüfung bestanden. Und das, obwohl meine Lehrjahre wirklich keine Herrenjahre waren. Jeder ältere Mensch wird jetzt bestätigend hinzufügen, dass es bei ihm nicht anders gewesen sei, aber dadurch wird meine Lehrzeit auch nicht besser.

Mit dem eigentlichen Lehrstoff, mit den zu erlernenden Fähigkeiten und Kenntnissen, hatte ich eigentlich wenig Probleme. Immerhin hatte mein Berufsschullehrer irgendwann vorgeschlagen, die Gesellenprüfung vorzuziehen und damit meine Lehre frühzeitig zu beenden. Nur das war natürlich Öl auf das Feuer meines Chefs, der mich als billige Arbeitskraft sicherlich für die ganze Zeit eingeplant hatte. Er war es auch, in seiner Person, der mir mein junges Leben schwer machte. Da ich, zugegeben, unter Heimweh litt, war ich froh, wenn ich irgendwo jemanden fand, der sich mal um mich kümmerte und mit mir ein paar freundliche Worte sprach oder mich sogar hin und wieder begleitete. Dieses alles habe ich in den ersten Monaten meiner Lehrzeit nicht gehabt und nicht gefunden. Aber ich hatte es schon fast so kommen sehen. Ich erinnere mich daran, wie ich meinen zukünftigen Chef kennen gelernt habe. Meine Eltern hatten mit ihm, einem Mann mit einem sehr guten Ruf als Fachmann, einen Vorstellungstermin abgemacht. Vier Wochen vor Lehrantritt. Weil ich bis dahin noch nie alleine und schon gar nicht alleine in einer Großstadt unterwegs war, hielt meine Mutter es für besser, mich zu begleiten. Mir war auf Anhieb gar nicht wohl, denn schließlich war ich doch schon ein junger Mann und kein kleines Kind mehr. Ich war fest der Meinung, ich hätte mich auch alleine vorstellen können, aber so waren die Fahrt mit dem Bus und der Aufenthalt dort nicht so langweilig. Pünktlich zur abgemachten Zeit standen wir vor seinem Betrieb und meldeten uns an. Ein etwas dicklicher, verkniffener und unfreundlich wirkender Herr nahm uns in Empfang. Von diesem Augenblick an bis zur Verabschiedung nach drei Jahren habe ich von diesem „Herrn" kein freundliches Wort gehört, und wenn es freundlich klang, dann war es sarkastisch oder ironisch, immer von einem aus der Lästerseele kommendem Lachen begleitet. Schon der erste Satz, den er außer dem freundlichen „Guten Tag" mit mir wechselte, endete in der Verlegenheitsfrage: „Was soll denn deine Mutter hier, musst du die immer dabei haben, die kommt wahrscheinlich jetzt jeden Tag mit – oder?". Stotternd und völlig eingeschüchtert erklärte ich ihm die Zusammenhänge um den weiten Weg und die lange Zeit. Mehr als ein kräftiges Lachen hatte er dafür nicht übrig, was seine zwei anderen Angestellten auch dazu animierte, mitzulachen. Da stand ich also nun, ich Muttersöhnchen, ich Milchreisbubi – mit meiner Mutter – um ein erwachsener Mann zu werden mit einem richtigen Beruf. Während des Vorstellungsgespräches hat er sie dann weggeschickt und mich nach allen Regeln der Kunst befragt. Alles mögliche wollte er wissen, und als ich ihm unter anderem freudig von unserer Kirchengemeinde erzählte, in der ich aktiv sei, verzog er nur still sein Gesicht, was mich sofort erkennen ließ, dass er mit Kirche und Gott nicht viel am Hut hatte. Er fragte mich nach Vater und Mutter und meinen Geschwistern aus, nach meinen Hobbys, und ob ich denn auch schon eine Freundin hätte, wollte er wissen. Nach meinem Geschlechtsleben hat er sich nicht erkundigt, aber das war auch so das Einzige, was außen vor blieb. Dann musste ich noch einen Kurzaufsatz schreiben und ein paar Rechenaufgaben lösen. „So doll ist das ja alles nicht bei dir", fasste er seinen Befund zusammen, „aber ich werde schon etwas aus dir machen". Inzwischen war meine Mutter wiedergekommen, um mich abzuholen. Sie, meine Eltern, hätten mit dem ausgewählten Lehrbetrieb einen guten Fang gemacht, unterstrich er seine eigene Qualität noch schnell, und mich wunderte, dass er sich das nicht gleich bezahlen ließ. Der Lehrvertrag jedenfalls würde mir zugeschickt werden. Bis zur Zwischenprüfung hatte ich ihn noch nicht.

Wenn es in meiner Lehrzeit herausragende Tage gab, dann möchte ich mich in meinen Erzählungen auf ein paar wenige beschränken. Denn im Grunde sind sie alle gleich oder ähnlich verlaufen.

Ich gehe mal, soweit ich mich noch recht erinnere, in der richtigen Reihenfolge vor. Etwas, das mich meine ganze Lehrzeit über verfolgte, war das Thema Gummibaum. Nein, nein, ich war nicht in einer Gärtnerei, um Gärtner oder Florist zu lernen, es spielte sich schon alles in unserer Druckerei ab. Gleich nachdem ich meine Lehre begonnen hatte, wechselte unsere Firma in neue Betriebsräume. Ein Glück. Da, wo meine unvergessliche Zeit anfing, war alles alt, baufällig, muffig und kalt. Jeden Morgen musste ich eine Stunde vor Arbeitsbeginn erscheinen, um mit Papier und Holz den Firmenofen anzuheizen, damit, wenn die

Mitarbeiter kommen würden, alles schön warm sei. Das war jedes mal eine ganz schöne Tortur, und wehe, das Zeug brannte nicht und es blieb kalt. Dann Gnade dir, Uwe. Da war es in den neuen Betriebsräumen doch wesentlich besser, gleichsam wie im Paradies. Wir hatten nicht nur trockene Räumlichkeiten und mehr Licht, wir hatten sogar eine Heizung, die über Fernwärme versorgt wurde. Um diesen Umzug würdig zu feiern, hatte unser Chef seine besten Freunde, immerhin vier, zu sich ins Büro eingeladen, um bei einem Gläschen Sekt auf das neue Heim anzustoßen. Meine Aufgabe war es, dem Männerquartett die Mäntel abzunehmen und, bitte vorsichtig, auf entsprechende Kleiderbügel zu hängen. Dann hörte ich vor der Bürotür noch ein wenig Gemurmel, und dann die Tür ins Schloss fallen. Während es sich die hohen Herren ausgiebig, laut und lachend gut sein ließen, durften wir anderen unserer Arbeit nachgehen. So nach etwa vier Stunden, kurz vor Feierabend, war die „Party" zu Ende, und es wurde nach den Mänteln gerufen. Nach einer herzlichen Verabschiedung verließen alle vier leichtfüßig und feuchtfröhlich unsere Firma. Ich wollte mich auch gerade entfernen, als ein das Mark durchdringender Ruf meines Chefs an mein Ohr drang. Ich sollte noch schnell einmal ins Büro kommen. Hier sollte mich nichts Schlimmes erwarten. Ich durfte nur einen Blick auf die mitgebrachten Geschenke werfen, um dann zur Kenntnis zu nehmen, dass unter anderem auch ein Gummibaum dazugehörte. Diesen hat mir der Chef dann in einer längeren Ansprache ausdrücklich ans Herz gelegt und ihn meiner täglichen Pflege anempfohlen. Dass er jeden Tag gegossen werden muss, gehörte mit zu meinen ersten Dingen, die ich als Drucker gelernt habe. Nichts leichter als das. Also begann meine Arbeit jeden Morgen im Büro mit dem Gießen des legendären Gummibaumes. Nicht zu wenig Wasser, nicht zu viel. Die Pflanze hatte einen Ehrenplatz rechts neben dem Chef-Telefon erhalten, so dass er ihn immer im Auge hatte. Dieser Gummibaum war sein ganzer Stolz. Wer weiß, was mein Chef in seiner Kindheit erlebt hat, dass er sich so auf dieses Grünzeug fixiert hatte.

Über meinen beruflichen Werdegang braucht nicht viel gesagt zu werden, der verlief ganz normal, ohne erwähnenswerte Schwierigkeiten. Aber der Gummibaum, der sollte sich noch folgenreich in meine Erinnerung einprägen. Alle Tage waren Gummibaumgießtage. Mit Ausnahme des Sonntags. An diesem Tag ruhte unser Betrieb.

Die Pflanze wuchs und gedieh. So nach einem Jahr hatte sie schon drei oder vier neue Blätter bekommen und war um etliche Zentimeter gewachsen. Dann, von heute auf morgen, muss irgendetwas geschehen sein, für das es bis heute keine Erklärung gibt. Der Gummibaum verlor seine Blätter. Erst hingen sie wie ausgetrocknet am Stamm, dann wurden sie gelb und braun, und schließlich fielen sie ab. Scheibchenweise, eines nach dem anderen. Bis nur noch zwei junge, hellgrüne Blätter die Spitze des kahlen Stammes zierten. Ich fand, er sah wirklich lustig aus. Unten alles so kahl, so nackt, und oben an der Spitze das wenige helle Grün. Nicht so lustig fand es mein Chef, der wohl bei seiner vielen Arbeit gar nicht mitbekommen hatte, dass es bei ihm im Büro Herbst geworden war und die Blätter fielen. Erst als auch die letzten beiden Lebensbeweise auf dem Erdreich des Blumentopfes gelandet waren, schien er die Katastrophe zu bemerken. Jedenfalls, eines Nachmittags, wurde es im sonst so schläfrig wirkenden Büro laut. Ein Gebrülle, ein Getose, ein Geschnaube... Die Tür wurde aufgerissen und schäumend vor Wut, den Kopf in Schräglage gebracht, eilte der kleine Herr auf mich zu. Und vor versammelter Mannschaft zählte er mich aus. Acht, Neun – Aus! Es ist unsinnig, den genauen Wortschwall an dieser Stelle wiederzugeben, es reicht vielleicht, wenn ich sage, dass dieses Standgericht gute zehn Minuten gedauert hat. Unter dem Verlust seiner Frau hätte er nicht mehr zu leiden gehabt als unter jenem seines geliebten Gummibaumes. Er war durch nichts, aber auch durch nichts zu ersetzen. Na, und wer hatte als Einziger die volle, nicht zu verzeihende, Schuld? Uwe! Denn schließlich hatte man doch mir das volle Vertrauen geschenkt, dieses Geschenk zu ehren und zu erhalten. Den Rest des Tages konnte man getrost vergessen, der Rest der Woche war nicht viel besser. Wir haben dann anschließend auch nie wieder Grünpflanzen in unserer Firma gehabt, das hätte aber auch bei meiner Zuverlässigkeit, was das Gießen und Pflegen von Blumen anging, keinen Zweck gehabt. Wie mein

Chef seinen guten Freunden immer wieder erklärte, war ich sogar zu doof zum Blumengießen.

Nicht ganz so schlimm ging es in der Phase zu, als ich dabei war, meinen Führerschein zu machen. Irgendwann kommt ja der große Augenblick, wo es in die Praxis geht und man seine Fahrstunden absolvieren muss. So war es auch bei mir. Nur, wann sollte ich denn meine Fahrstunden nehmen? Unsere Arbeitszeit ging immer bis abends halb sechs, und um sieben Uhr hatte die Fahrschule schon wieder theoretischen Unterricht. Blieb also nur die Möglichkeit, hin und wieder eine Stunde frei zu nehmen, denn selbst die Mittagspause war mit dreißig Minuten zu kurz. Ich habe meinen Chef mehrmals um frei gefragt und habe genau so oft Absagen erhalten. Was interessierte es ihn denn auch an, wenn ich einen Führerschein machen wollte? Irgendwie war es doch geschafft und eines Tages war der Tag meiner Prüfung gekommen. An diesem Tag bekam ich tatsächlich eine Stunde frei, unter der Bedingung, dass ich sie am Abend des gleichen Tages nachholen würde. Das wollte ich gerne, ich war ja so froh, dass ich meine Prüfung machen konnte. Ich habe sie gemacht und bestanden. Meine Freude war groß. So groß, dass ich sogleich in eine Spirituosenhandlung lief und eine Flasche Sekt kaufte, um mich bei meinem Chef zu bedanken und mit ihm und meinen Kollegen auf mein großes Glück anzustoßen. Noch nie haben mich meine Beine so schnell in unseren Betrieb getragen. Ruckzuck die Treppe hinauf gesprungen, spurtete ich gleich direkt ins Büro. Ich hatte die Führerscheinprüfung bestanden - - - bestanden! Glücklich und tief dankbar stürmte ich direkt zum Chef, um ihm alles Freude strahlend zu berichten und mit ihm und einem Gläschen Sekt mein Glück zu feiern. Es war wohl nicht der rechte Augenblick. Jedenfalls ertönte wieder die grunzende Stimme, wie damals beim Gummibaum. Was ich mir herausnehmen würde, als Lehrling mit dem Chef... und dann noch mit Sekt.... und dazu noch während der Arbeitszeit. An die Arbeit solle ich mich machen, und sehen, dass ich meine Zeit nachholen würde. Ehrlich gesagt, hatte ich mir das alles ganz anders vorgestellt. Aber was soll's. Erst habe ich die eine Stunde nachgeholt und dann, nach Feierabend, den Sekt in den Ausguss gekippt. „Herzlichen

Glückwunsch, Uwe", habe ich dabei noch geschluchzt und dann leise geweint. An diesem Abend bin ich, da ich sowieso immer alleine war, extrem frühzeitig zu Bett gegangen.

Meine letzte Geschichte, die ich erzählen möchte, war eine Verletzung nicht nur meiner jugendlichen Seele, sondern sogar eine echte, wirkliche. An einer Papierschneidemaschine, die unheimlich scharf war, hatte ich mir eine Fingerkuppe abgetrennt, was ich aber im ersten Augenblick gar nicht bemerkt hatte. Erst als der braune Linoleumboden voller roter Flecken war und ich feststellte, dass es Blut war, sah ich, was geschehen war. Ohne zu ahnen, was da so an meinem Finger alles fehlte, hatte ich mir einen Putzlappen um die Hand gebunden, um das triefende Blut aufzufangen. So langsam verspürte ich jetzt auch Schmerzen. Es klopfte bald darauf wie wahnsinnig in meiner Fingerkuppe. Was blieb mir anderes übrig, als meinen Unfall bei meinem Chef zu melden? Reumütig über das, was mir passiert war, schlich ich ins Büro. Zuerst war er genauso erschrocken wie ich, aber bei ihm dauerte der Schreck nur einige Sekunden. Natürlich sollte ich ins Krankenhaus zum Unfallarzt, das sei schon für ihn aus berufsgenossenschaftlichen Gründen wichtig. Er hatte nur zufällig keine Zeit, mich dort hinzufahren, und seine zwei Mitarbeiter waren auch gerade sehr beschäftigt. So empfahl er mir die Straßenbahn. Die Haltestelle war nicht sehr weit von uns entfernt, und ich musste auch nur einmal umsteigen. Und noch eines war wichtig, bevor ich die Firma verließ, um ins Krankenhaus zu fahren: Ich sollte mich auf keinen Fall krankschreiben lassen, was die Ärzte immer so schnell täten, denn es würde in unserem Betrieb genug Arbeiten geben, die man auch mit einer Hand gut bewältigen könnte. Kurzum, ich habe mich an alle seine Anweisungen gehalten. An die mit der Straßenbahn und an die mit dem Krankschreiben. Drei Stunden später stand ich wieder an meiner Maschine und habe gearbeitet. So, wie es sich für einen guten Lehrling gehört.

Und dann ist im Verlauf meiner Lehre noch dieses passiert und jenes geschehen. Einen Fall nach dem anderen könnte ich erwähnen. Sie gleichen sich jedoch, wie gesagt, im Wesentlichen alle. Meine Eltern sollten wirklich Recht behalten mit ihrer persönlichen Lebenserfahrung, dass Lehrjahre keine Herrenjahre sind. Jedes Mal, wenn heute dieser Satz laut wird, gehen mir die Nackenhaare hoch und ich bekomme Schaum vor den Mund. Wie grausam können doch Menschen sein. Ich habe meinen Chef gehasst bis zu seinem Tode. Fachlich habe ich es gut bei ihm gehabt, ich habe viel gelernt und konnte meinen Beruf bis heute ausführen, aber niemandem wünsche ich eine solche Lehre, einen solchen Chef, und niemandem wünsche ich, dass er in gleicher oder ähnlicher Weise erleben muss, dass Lehrjahre keine Herrenjahre sind.

Eines müsste doch jedem Chef und jedem Ausbilder heute klar sein: Lehrjahre dürfen auch keine Sklavenjahre sein. Denn, wie sagt es doch schon das Grundgesetz? „Die Würde des Menschen ist unantastbar."

Der Träumer 2

Abends, wenn sich der Tag geneigt hatte, wenn die Geräusche des Alltags leiser wurden, wenn ich mit Vater und Mutter die Arbeit im Kleingarten getan hatte, kehrte so langsam auch in unserer Familie die Ruhe ein.

Im Sommer galt es oft noch bis zum Sonnenuntergang Bohnen zu brechen, Johannisbeeren mit einer Gabel von den Stielen zu ziehen, Stachelbeeren zu nippeln, Pflaumen zu halbieren, um sie zu entsteinen, oder Kirschen zu entkernen. Je nach Jahreszeit hatten meine Eltern abends immer etwas zu tun. In der Zeit, als wir noch keinen Fernsehapparat hatten, war das ein großer Teil der häuslichen Feierabendbeschäftigung. Im Hintergrund spielte immer das Radio, später bekamen wir sogar einen Plattenspieler, den ich übrigens hochinteressant fand, schließlich konnte man bei ihm schon zehn Platten auf einmal auflegen und nacheinander abspielen. Wie eine kleine Mannschaft saßen wir vereint am Küchentisch, jeder mit einer Schüssel zwischen den Beinen, und vor uns auf dem Tisch ein großer Berg eben jener Früchte, die wir gerade geerntet hatten.

Der Rückweg aus dem Garten nach Hause war sehr oft etwas Besonderes für mich. Hatte ich mich noch den ganzen Nachmittag darüber geärgert, dass es, wie fast jeden Tag, wieder in den Garten ging, denn ich hasste ihn, hatte ich auf dem Rückweg, nach den zwei bis drei Stunden knurriger Hilfe an der Seite meiner Eltern, so etwas wie Melancholie im Bauch. Ich schob meistens, zumindest wenn er leer oder nur leicht beladen war, den kleinen Handwagen, der, nachdem mein Vater ihn selbst gebaut hatte, zu unserem täglichen Gefährt wurde. Heute nach den vielen Jahren kann ich sogar verstehen, warum diese Gartenkolonie, auch heute noch, den Namen „Abendfrieden" trägt. Wenn wir unsere Laube abgeschlossen hatten und noch ein letztes Mal an diesem Tag durch den langen von Ligusterhecken eingegrenzten Hauptweg hin zum Eingang unserer Gartenparzelle schlenderten, kam hier und da doch etwas Wehmut in mir auf. Irgendwie hatte, bei allem Hass auf ihn, der Garten doch etwas Friedsames an sich. Vorbei an den Stachelbeerbüschen zur Rechten, wobei Mutter immer schnell noch einmal auf die Früchte sah und auch die Finger- und Beißprobe machte, ob sie denn wohl schon gut und reif seien.

Links vom Weg die Johannisbeerbüsche, alle im leuchtenden Rot und Grün erstrahlend. Mein Vater hatte sie mit den Resten von alten Gardinen zum Schutz gegen die Vögel abgedeckt, und so hatten sie, bei meiner bildhaften Phantasie, etwas Bräutliches an sich – alles wirkte so geheimnisvoll verschleiert. Etwas abgelegen: das Spargelbeet und die vielfältigen Gemüsebeete mit Erbsen, Wurzeln, Bohnen und Radieschen. Dahinter der Misthaufen mit den großen Kürbissen und den großen flaschenförmigen Gurken. Dahinter wiederum ein großes, rechteckiges Blumenbeet, voll gepflanzt mit dem, was meine Mutter liebte. Mir gefielen am besten die Gladiolen und die Dahlienbüsche.

Natürlich sind nicht alle erwähnten Früchte und Blumen zur gleichen Zeit reif oder in der Blüte gewesen, es sollte ja nur noch einmal ein verträumter Gang durch unseren Garten sein. Durch den Garten, in den wir soviel Mist und Kloake gefahren haben, in dem wir Stunden lang Beetwege getrampelt haben, in dem wir schwere, selbst gegossene Zementklötze geschleppt haben, damit Vater und Mutter ihre Laube bekamen; dieser Garten war auch friedlich und schön. Zumindest immer dann, wenn wir ihn hinter uns gelassen hatten, um abends, oft erst gegen zehn Uhr, nach Hause zu gehen. Wenn es nicht, wie an wenigen Tagen, der peitschende Regen war, der uns nach Hause trieb, dann begleitete uns das Himmel färbende Rot der im Westen untergehenden Sonne. Selbst unsere beiden in die Erde versenkten Gartentonnen, die auch bei uns mit Entengrütze bedeckt waren, konnten das friedliche Bild nicht trüben.

Hatten wir dann, oft erst gegen Mitternacht, die Früchte in unseren Schüsseln verarbeitet, hatten wir Männer Feierabend, nur Mutter machte noch ein wenig weiter. Die Früchte wurden noch gezuckert oder für das Einkochen am nächsten Tag vorbereitet. Das Gemüse geputzt, der Kürbis gewürfelt und die Möhren geschrabt und in gleichmäßige Scheiben geschnitten. Ich glaube, in dieser Zeit hatte jeder Arbeitstag bei Erwachsenen mindestens siebzehn Stunden. Am nächsten Tag war Mutter wieder die Erste, die aufstand. Es galt den Ertrag des Vortages zu verarbeiten. Stundenlang kochte der große Aluminium-Entsafter auf dem Gasherd vor sich hin. Alle Stunde, oder auch öfter, musste der rote Saft durch einen kleinen Gummischlauch in die Flaschen gefüllt werden, wobei man aufpassen musste, dass diese durch die Hitze nicht zersprangen. Die ganze Küche roch wie ein Bonbonladen oder wie der Süßwarenstand auf dem Jahrmarkt. Die Einkochzeit war nicht die schlechteste. Abgesehen einmal von der Zeit, als Kürbisse oder Quitten eingekocht wurden, da stank das ganze Haus nach süßlichem Essig, und zwar so stark, dass es uns die Tränen in die Augen trieb.

Neben den erfreulichen Eindrücken, die eine solche Zeit in Kinderherzen hinterlässt, erinnere ich mich auch noch an die vielen Fliegen, die immer gerade dann zu uns zu Besuch kamen. Über jedem Tisch hing ein mit Honig versehener Fliegenfänger von der Decke herunter, der manchmal so lang war, dass er erst knapp über unserer auf dem alten Küchentisch stehenden Schüssel oder der Pfanne endete. Er war in Bestzeiten übersät mit hängen gebliebenen Fliegen, die man, wie ich meinte, gut als Korinthen in das Sonntagsbrot hätte einbacken können.

In den nächsten Tagen hatten wir Jungen dann wieder unseren Großeinsatz. Die Flaschen mussten in den Keller getragen werden, jedes Mal die ganzen Treppen hinunter und noch die in den Keller dazu, oder wir fuhren mit unserem Handwagen die silbernen Blechdosen zum Verschließen zum Klempner, denn wir selbst hatten keine Dosenschließmaschine.

Unsere Gartenkolonie „Abendfrieden" und unsere Laube hatten aber noch etwas Positives an sich. Sonnabends nachmittag gab es, wenn es das Wetter zuließ, in unserem kleinen Gartenhaus oder auf der davor liegenden Terrasse Kaffee und Kuchen, der von Mutter selbst gebacken war.

Bei kräftigem Sonnenschein stellten wir unsere drei wackeligen Campingstühle nach draußen und machten immer eine extrem lange Kaffeepause. Ich habe meistens in der Zeit versucht, ein paar Frösche zu fangen, was mir hier und da auch gelang. Nach einer kurzen Phase der stolzen Präsentation habe ich sie dann wieder hüpfen lassen. Oder ich habe, bei allem Argwohn gegenüber der Gartentonne, auf der kleinen Wasseroberfläche mit einem kleinen Holzklotz Bootfahren gespielt, immer hin und her, oder in die Runde, ungefähr so wie mit meiner Eisenbahn.

Die Sommerferien waren die schönsten Tage während der gesamten Schulzeit. Wir blieben natürlich immer zu Hause, denn zum Verreisen hatten meine Eltern keine Zeit und kein Geld. Vater hat sogar oft sonntags gearbeitet. Einmal bin ich im Sommer von dänischen Pateneltern eingeladen worden, meinen Urlaub bei ihnen zu verbringen. Es gab eine Patenschaft zwischen unserer Schule und der dänischen, und so ergab es sich, dass ich im Sommer für zwei Wochen meinen ersten und lange Zeit auch einzigen Auslandsurlaub erlebte.

Im Winter ging es bei uns zu Hause auch immer friedlich zu. Wir haben dann oft mit der ganzen Familie gespielt. Zum Spielen hatte mein Bruder auch immer Lust, und manchmal hat er sogar Spiele erfunden oder selbst gebastelt, damit unser Spielangebot ein wenig vielfältiger wurde. So konnten wir neben „Mensch ärgere dich nicht", „Canaster" und anderen Karten- und Würfelspielen sogar schon recht früh „Roulette" spielen. Wir haben es sogar mit echtem Geld gespielt – mit Pfennigen. Das dazugehörige Tuch mit den Zahlenfeldern und das eigentliche Roulette-Rad hatte er selber gebastelt. Ich weiß noch, wie mein Bruder in diesen Tagen in meinem Ansehen gestiegen ist.

Im Herbst wurde schon ab Mitte November gebastelt. Vater entwickelte sich wieder zum heimlichen Weihnachtsmann und schnitzte, sägte und hämmerte, und Mutter entwickelte sich zum Weihnachtsengel, sie nähte, stopfte und strickte.

Es gab auch Zeiten, wo ich sehr gerne mit Vaters Hilfe gebastelt habe. Ein Spielzeug, das ich selber gefertigt habe, ging sogar in Produktion, das heißt, ich habe davon bestimmt fünfzehn oder mehr Exemplare angefertigt. Es war ein Holzhase mit einer Wurzel zwischen den Pfoten. Die Umrisse hatte mein Vater mir auf transparentem Butterbrotpapier vorgemalt, so dass ich sie nur noch durchpausen musste. Den Hasen habe ich dann an den Kanten entlang mit einer Laubsäge ausgesägt und jeden andersfarbig ausgemalt. Der eine bekam zusätzlich zwei Haken für die nett gehäkelten Topflappen meiner Tante, und für den anderen Hasen kaufte meine Mutter mir einen Abreißkalender, so wie es ihn heute noch mit den Papprückwänden gibt. Diesen hat mir mein Vater dann am unteren Ende der Hasenbeine fachgerecht befestigt. Auch Hampelmänner gehörten zu meinem Programm. Ich habe sie nach dem gleichen Verfahren hergestellt wie die Hasen. Mein Vater hat sie vorgemalt, ich habe sie ausgesägt und angemalt, und dann hat mein Vater wieder die Strick-, Tau- und Knotenarbeiten durchgeführt, so dass letztendlich auch alles funktionierte.

Mein Meisterwerk war ein Flaschenschiff! Zwischen den vielen leeren Flaschen, damals noch in der Mülltonne, fand ich eine fast viereckige, weiße Flasche der Firma Mampe Halb und Halb. Als ich sie sah, wusste ich gleich, die ist optimal geschaffen für ein Flaschenschiff. Also schnitzte ich mir aus einem kleinen Holzstück einen Schiffsrumpf, den ich rundherum mit Papier beklebte, so dass er einer Fähre aus unserem Hafen verdammt ähnlich sah. Obendrauf montierte ich mit Klebstoff ein paar kleine Aufbauten, alle mit Tusche bunt angemalt, und einen kleiner Mast, der in der Tat, wie bei Buddelschiffen üblich, umklappbar, war. Er war mein absolutes Meisterstück. Den Boden der auf der Seite liegenden Flasche habe ich dann, den Tipp hat mir mein Vater gegeben, mit Fensterkitt gefüllt, der vorher unter Zusatz von blauem Farbpulver angemischt und durchgeknetet wurde. Dieser blaue Kitt wurde natürlich das Wasser. Ein wenig der gleichen Mischung machte ich auf gleiche Weise grün, es wurde für das Halligland benötigt.

Wie ein Fachmann es eben so macht, habe ich dann das Schiff in die Flasche eingeführt, es mit einem Schraubenzieher festgedrückt und den Mast durch Ziehen eines heraushängenden Fadens aufgerichtet. Das Ende wurde noch schnell mit Uhu festgeklebt und dann mit einer glühenden Stricknadel abgetrennt. Fertig. Da fuhr meine flotte Fähre stolz auf blauen Wellen in Richtung auf eine grüne Hallig zu. Aber nun mal ehrlich: Um dieses Buddelschiff haben mich viele, auch Erwachsene, beneidet. Ein halbes Jahr später habe ich es verkauft. Jawohl, verkauft! Ich bin zu jenem Geschäft gegangen, wo ich seiner Zeit den Hoola-Hoop-Reifen gekauft hatte, und habe kindlich gefragt, ob man Interesse daran hätte, ein solch schönes Flaschenschiff für mich zu verkaufen. Die alte Dame übrigens war die Oma einer meiner Peiniger, die mich in die gammelige, widerliche Gartentonne getaucht hatten. Aber im Gegensatz zu ihrem Enkel war sie eine nette, alte Dame, die bestimmt schon achtzig Jahre alt war und immer noch in ihrem Laden stand. Sie stellte mein Meisterwerk in das leicht verstaubte und unübersichtliche Schaufenster und versah meine geniale Handarbeit mit einem markanten Preisschild, auf dem „Echte Handarbeit. Nur 15 Mark" stand. Jeden Tag guckte ich zweimal bei ihr vorbei, ob sich geschäftlich schon etwas getan hätte. Einmal gleich nach dem Schulunterricht und einmal abends, kurz vor Feierabend. Es gingen viele Tage ins Land, ehe doch einmal der Augenblick kam, wo mein Flaschenschiff verkauft war. Glatte fünfzehn Mark drückte sie mir in die Hand. Das war ein positiver, unvergesslicher Augenblick in meinen Kindertagen.

Ich möchte jetzt zum Schluss kommen, um den Leser auch nicht überzustrapazieren, und meine zerrissenen Gefühle zwischen Wunsch und Wirklichkeit langsam ausklingen lassen.

Meine letzten Gedanken, die ich kundtun möchte, haben ihren Ursprung noch einmal in unserer kleinen Kirchengemeinde, in der ich aufgewachsen bin und mich dort bis heute sehr wohl fühle. Es sind Gedanken, die mich oft, sehr oft in meiner damaligen Kindheit, aber auch oft, sehr oft in meinem späteren Leben beschäftigt haben. Sie sind nur so schwer in Worte zu kleiden und wecken auch wieder ein wenig versteckte Traurigkeit in meiner Seele.

Es handelt sich um eine biblische Geschichte, und zwar ist es die Geschichte von Josef, einem Sohn Jakobs. Ich erzähle sie kurz noch einmal – ganz kurz – und auch nur das Wichtigste, das mir in meinem Gedächtnis und in meinem Herzen hängen geblieben ist, und ich erzähle sie nicht im Originaltext der Bibel, sondern mit meinen Worten und meinem bruchstückhaften Wissen. Nur so aus dem Bauch, oder vielleicht auch ein Stückchen aus der Seele:

Josef war ein Sohn Jakobs. Wie wir der Heiligen Schrift entnehmen können, sein Lieblingssohn. Sein Vater mochte ihn sehr. Um ihn von allen Kindern etwas abzusetzen und herauszuheben, schenkte er ihm einen bunten, auffälligen und wertvollen Mantel. Immer, wenn

Josef, der von seinem Vater sehr geschont und verwöhnt wurde, in seinem Mantel einher ging, neckten und verspotteten seine Brüder ihn mit den Worten: „Seht einmal, da kommt der Träumer daher."

Das Geschenk des Vaters und sein Verhalten ihm gegenüber veranlasste seine Brüder, er hatte immerhin elf davon, sich mit der Ungerechtigkeit ihres Vater ihnen gegenüber zu beschäftigen.

Wie so oft im Leben war der Weg zum Mord nicht weit. Fast gemeinschaftlich fasste man den Entschluss, sich auf diese Weise von seinem Bruder zu befreien. Einer unter ihnen hatte zu diesem letzten und endgültigen Schritt nicht den Mut. „Er ist doch unser Bruder", flehte er inniglich, „wir können ihn doch nicht töten". Mit Herz und Verstand konnte er seine Brüder überzeugen, nicht zum allerletzten Mittel zu greifen. So geht es in der tragischen Geschichte damit weiter, dass man ihn, statt zu töten, an eine vorbeiziehende Karawane verkauft.

Jahre vergehen. In der Zwischenzeit hat sich politisch und wirtschaftlich in der Gegend manches getan. Josef hatte sich in seiner neuen Umgebung gut bewährt und zu einem Minister im Lande empor gearbeitet. Der Landstrich, in dem er sich aufhielt, wohnte und wirkte, war von guten Erträgen der Ernten verwöhnt, so dass es Keinem an etwas fehlte. Ganz im Gegenteil zu dem Landstrich, aus dem er gekommen war, da, wo seine Familie lebte und hungerte.

Viele Bibelverse berichten jetzt von der nächsten Zeit und ihren Schwierigkeiten und Ereignissen. Ich möchte darauf hier nicht näher eingehen. Meine Erzählung setzt sich da fort, wo es meinem Gefühl entsprechend wieder wichtig wird.

Durch Zu- und Umstände finden auf geheimnisvollen und wunderbaren Wegen alle Familienmitglieder wieder zusammen. Zunächst unerkannt, dann erkannt.

Man hat sich wieder, man schließt sich in die Arme. Beim Wiedersehen beschleicht die Brüder ein ungutes, unheimliches Gefühl, denn sie erinnern sich zu gut an den Verrat und Verkauf ihres Bruders. Man traut sich fast nicht in seine Nähe, geschweige denn unter seine Augen. Josef entspannt diese unerträgliche, kritische Situation mit den markanten Bibelworten: „Ihr meintet es böse mit mir, Gott aber meinte es gut mit mir".

Ende gut – alles gut, sagt ein bekanntes, wahres Sprichwort, das auch auf Lebenssituationen von Menschen anzuwenden ist. Auch auf meine.

Ende gut – alles gut!

Und wovon träumst Du nachts?

NordenMedia. Aus unserem Verlagsprogramm:

Rinder Poevieh - Die schönsten Kuh-Gedichte
von Thomas Block,
Bekannt aus Presse und TV. Stefan Raab urteilte: „Das sind dann auch so Sachen, die ein bisschen mit der Sexualität der Kühe spielen..." ISBN 3935347049

Wir auf Föhr *persönlich* Band 1
gesammelt von Uwe Asmussen
Erinnerungen, Anekdoten und Geschichten, Erlebtes und Erdachtes, und so manches Gedicht – von bekannten und unbekannten Föhrer Autoren
ISBN 3935347065

kreuz & quer durch Wyk auf Föhr
mit Stadtführerin Karin Hansen.
Ein Rundgang durch die Wyker Altstadt mit umfangreichen Erläuterungen und viel Wissenswertem.
ISBN 393534712X

Der Waldkindergarten
von Kirsten Bickel. Was genau ist ein Waldkindergarten, woher stammen Idee und Konzept, welche päd. Ziele werden verfolgt und wie sieht das alles in der Praxis aus? Mit Praxisbeispiel „Naturkindergarten auf Föhr"
ISBN 3935347014

Letztes Jahr auf Föhr. Eine Novelle.
von Reh van Berg. Er skizziert das Leben eines Malers, hin- und hergetrieben zwischen Föhr, München, Mainz, Berlin, Bregenz, zwischen Lea, Katja, Maria, Alexandra. Zwischen Ebbe und Flut.
ISBN 3935347030